westermann

Thomas Holz, Thomas Wolf

Anlagenmechaniker

Sanitär, Heizungs- und Klimatechnik

Kundenaufträge

Lernfelder 5 bis 8

4. Auflage

Bestellnummer 74534

© 2023 Westermann Berufliche Bildung GmbH, Ettore-Bugatti-Straße 6-14, 51149 Köln
www.westermann.de

Die Seiten dieses Arbeitshefts bestehen zu 100 % aus Altpapier.

Damit tragen wir dazu bei, dass Wald geschützt wird, Ressourcen geschont werden und der Einsatz von Chemikalien reduziert wird. Die Produktion eines Klassensatzes unserer Arbeitshefte aus reinem Altpapier spart durchschnittlich 12 Kilogramm Holz und 178 Liter Wasser, sie vermeidet 7 Kilogramm Abfall und reduziert den Ausstoß von Kohlendioxid im Vergleich zu einem Klassensatz aus Frischfaserpapier. Unser Recyclingpapier ist nach den Richtlinien des Blauen Engels zertifiziert.

Druck und Bindung: Westermann Druck GmbH, Georg-Westermann-Allee 66, 38104 Braunschweig

ISBN 978 3 127 74534 1

Die Inhalte sind der Ausbildungsordnung und dem Rahmenlehrplan für den berufsbezogenen Unterricht angepasst worden. Die Gestaltung spiegelt zugleich den geforderten engen sachlichen Zusammenhang zwischen dem Rahmenlehrplan und dem Ausbildungsrahmenplan für die betriebliche Ausbildung wider. So empfehlen wir, für die Gestaltung von exemplarischen Lernsituationen in den einzelnen Lernfeldern beide Pläne zugrunde zu legen.

Die Ziele der Lernfelder 1 bis 6 entsprechen den Qualifikationsanforderungen für den Teil 1 der Gesellenprüfung. Da die in die Berufsausbildung integrierte Ausbildung zur „Elektrofachkraft für festgelegte Tätigkeiten" nach DGUV 3 (alt: BGV A3) die Vermittlung von fachtheoretischen und fachpraktischen Kompetenzen erfordert, sind Grundkenntnisse der Elektrotechnik ebenfalls im ersten Teils der Gesellenprüfung gefordert. Die hierfür notwendigen fachtheoretischen Inhalte sind in den Lernfeldern 5 bis 8 integriert.

Berufsschule und Ausbildungsbetriebe müssen gemeinsam ihren Bildungsauftrag erfüllen. Damit ist das Ziel dieses Arbeitsheftes vorgegeben: Es soll eine Unterstützung bieten, um den Schülerinnen und Schülern eine berufsbezogene und berufsübergreifende Handlungskompetenz zu vermitteln und die vermittelten Lerninhalte zu festigen und zu vertiefen.

Daher sind in den Aufgabenstellungen Schlüsselbegriffe unterstrichen, die zur Lösungsunterstützung im Stichwortverzeichnis der genannten Bücher nachgeschlagen werden können.

Abschließend noch ein Bearbeitungshinweis: Die unterstrichenen Schlüsselbegriffe in den Aufgabenstellungen dienen Ihnen als Hilfestellung bei der Lösungsfindung. Unter diesen Schlüsselbegriffen finden Sie in der einschlägigen Fachliteratur die entsprechenden Lösungsansätze.

Der Verlag und die Autoren wünschen viel Erfolg und gute Erfahrungen bei der Arbeit mit diesem Buch.

Thomas Holz, Thomas Wolf

Lernfeld 5: Trinkwasseranlagen installieren

Lernfeld 6: Entwässerungsanlagen installieren

Lernfeld 7: Wärmeverteilanlagen installieren

Lernfeld 8: Sanitärräume ausstatten

5.1 Beratung über Trinkwassereigenschaften

Ein Kunde ist aus einem anderen Teil Deutschlands zugezogen. Sie erhalten den Auftrag, in seinem Neubau die sanitäre Installation auszuführen.

Aufgabe 1

Der Kunde fragt Sie nach der Qualität des Trinkwassers.
Erklären Sie ihm, wie er sich über das örtliche Trinkwasser informieren kann.

_____

_____

Aufgabe 2

a) Wie kann Trinkwasser gewonnen werden? (Wassergewinnung)

_____

_____

_____

_____

b) Wie wird das Trinkwasser am Standort Ihrer Firma gewonnen?

_____

_____

c) Besorgen Sie sich eine Analyse des Trinkwassers am Standort Ihrer Firma.
   Suchen Sie aus der Analyse die folgenden Werte heraus:

Wasserhärte: _____   pH Wert: _____

Aufgabe 3

Was versteht man unter dem Begriff „Wasserhärte"?

_____

_____

Aufgabe 4

Es werden die Begriffe „Karbonathärte" und „Nichtkarbonathärte" unterschieden. Erläutern Sie diese Begriffe.

_____

_____

_____

_____

Lernfeld 5

Aufgabe 5

a) Für die ungestörte Funktion der Trinkwasseranlage beim Kunden ist nur eine dieser beiden Härten wichtig. Erklären Sie dem Kunden welche Härteangabe das ist und warum zu hohe Werte dieser Härte zu Störungen im Trinkwassersystem führen können.

b) In Wasseranalysen wird heute statt Karbonathärte ein anderer Begriff verwendet. Wie lautet diese neue Bezeichnung?

Sie sehen nun einen Auszug aus einer Trinkwasseranalyse. Die anschließenden Aufgaben beziehen sich auf diesen Auszug.

Parameter	Messwert
TOC	< 0,50 mg/l
pH-Wert bei 10,4 °C	8,44
Natrium	21,8 mg/l
Calcium (Ca)	69,2 mg/l
Magnesium (Mg)	18,8 mg/l
Kalium (K)	2,1 mg/l
Säurekapazität bis pH 4,3	1,85 mmol/l
Karbonathärte	5,2 ° dt. Härte (°d) berechnet
Nichtkarbonathärte	8,8 ° dt. Härte (°d) berechnet
Gesamthärte	14 ° dt. Härte (°d)

Aufgabe 6

Wichtig für den Kunden ist der sogenannte Härtebereich. Welchen Härtebereich hat das beschriebene Wasser? Welche Bedeutung hat die Kenntnis über den Härtebereich für den Kunden?

Härtebereich:

Bedeutung für den Kunden:

Aufgabe 7

Die Trinkwasserinstallation bei dem Kunden soll mit Kupferrohr ausgeführt werden. Kann bei dem vorhergehend beschriebenen Wasser Kupferrohr verwendet werden? (Kupferrohr kann verwendet werden, wenn der pH-Wert ≥ 7,4 oder wenn der ph-Wert > 7,0 und der TOC-Wert < 1,5 mg/l ist.) Begründen Sie Ihre Aussage.

Aufgabe 8

Vergleichen Sie die Wasseranalyse aus Ihrem Versorgungsgebiet (siehe Lösung Aufgabe 2) mit der vorangegangenen Analyse.

a) Ist das Wasser aus Ihrem Versorgungsgebiet weicher oder härter? Begründen Sie Ihre Aussage.

b) Können Sie auch in Ihrem Versorgungsgebiet Kupferrohr verwenden? Begründen Sie Ihre Aussage.

Aufgabe 9

Angenommen, das Wasser in Ihrem Versorgungsgebiet ist wesentlich weicher als das Wasser in der vorhergehend beschriebenen Analyse. Was könnte die Ursache dafür sein? (Berücksichtigen Sie auch, wie das Wasser gewonnen wurde.)

Aufgabe 10

Erklären Sie dem Kunden, welche störenden Folgen zu hartes Wasser haben kann. (Informationen finden Sie z. B. auf den Homepages der Hersteller von Trinkwasserbehandlungsgeräten wie Judo, BWT.)

Aufgabe 11

Wenn der Kunde eine Behandlung des Trinkwassers wünscht, um störende Folgen einer zu großen Wasserhärte auf die Installation zu verhindern, gibt es prinzipiell drei Verfahren.

Nennen Sie die drei Verfahren.

Name　　　　　　　　　　　　Klasse/Gruppe　　　　　　　　　　　　Datum

© Westermann Gruppe

Lernfeld 5

Aufgabe 12

a) Erklären Sie die Funktionsprinzipien des Verfahrens „Enthärtung durch Ionenaustausch".

b) Nach dieser Behandlung muss das Trinkwasser verschnitten werden. Erklären Sie dem Kunden, was dabei gemacht wird und warum eine Verschneidung sinnvoll ist.

Aufgabe 13

a) Beim Enthärten durch Ionenaustausch können sich für den Kunden negative Folgen ergeben. Welche können dies sein?

b) Welches Gerät empfehlen Sie, wenn der Kunde wünscht, dass keine Stoffe dem Wasser hinzugefügt werden und das Wasser in seiner natürlichen Zusammensetzung erhalten bleibt?

Aufgabe 14

Erklären Sie dem Kunden möglichst einfach die Kalkschutzfunktion bei der physikalischen Wasserbehandlung. (Informationen finden Sie auch auf den Homepages der Gerätehersteller, siehe Aufgabe 10).

5.2 Probleme mit der Auslaufmenge

In einem Gebäude wurde ein Whirlpool mit einem Wasservolumen von 250 l eingebaut. Der Kunde beschwert sich jedoch darüber, dass das Füllen der Wanne zu lange dauert.

Aufgabe 1

Welche Fehlerursachen können hier vorliegen?

_____

_____

_____

_____

Aufgabe 2

Um die Situation zu beurteilen, müssen Sie zuerst die Volumenströme bestimmen.
Es gelten folgende Vorgaben:
Zum Füllen der Wanne mit 250 l Wasserinhalt werden 200 l Warmwasser und 50 l Kaltwasser benötigt, der Kunde wünscht eine Füllzeit von 10 Minuten.

Berechnen Sie die Volumenströme jeweils in l/min und dm^3/s.

Kaltwasserzuleitung (PWC):

gesucht: $\dot{V}$

gegeben:

Lösung:

Warmwasserzuleitung (PWH):

gesucht: $\dot{V}$

gegeben:

Lösung:

Lernfeld 5

Mischwasserauslauf:

gesucht: $\dot{V}$

gegeben:

Lösung:

Aufgabe 3

Bei dem Kunden wird die gewünschte Füllzeit wesentlich überschritten. Wenn die Ursache für das Problem in der Wasserzuleitung liegt, ist der Fehler dann eher in der Kaltwasser- oder in der Warmwasserleitung zu suchen? Begründen Sie ihre Aussage.

Aufgabe 4

Berechnen Sie die Strömungsgeschwindigkeit in der Warmwasserleitung in m/s für eine Leitung, die aus Kupferrohr 15 x 1 ausgeführt ist, und für eine Leitung, die aus Kupferrohr 18 x 1 ausgeführt ist.

Kupferrohr 15 x 1

gesucht: v

gegeben:

Lösung:

Kupferrohr 18 x 1

gesucht: v

gegeben:

Lösung:

Aufgabe 5

Überprüfen Sie, ob die oben berechneten Fließgeschwindigkeiten in einer Trinkwasserleitung zulässig sind.

Aufgabe 6

Das Problem beim Kunden ist, dass der Whirlpool zu langsam gefüllt wird, d. h., es läuft zu wenig Wasser aus der Armatur. Daher sollten Sie das Auslaufverhalten der Armatur überprüfen.

Nachfolgend sehen Sie ein Auslaufdiagramm für eine Dreiloch-Wannenstandarmatur.

a) Welche Auslaufmenge (Volumenstrom) kann die Armatur liefern? (Die gestrichelte Linie gilt für den Auslauf, die durchgezogene für die Brause.)

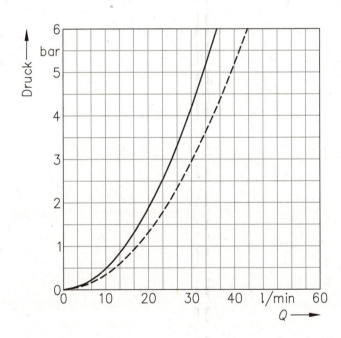

Auslaufmenge bei

– 2 bar: _____

– 4 bar: _____

– 6 bar: _____

b) Welcher Druck wird benötigt, um die nach Aufgabe 2 erforderliche Auslaufmenge zu liefern?

Name　　　　　　　　　　　Klasse/Gruppe　　　　　　　　　　　Datum

© Westermann Gruppe

Lernfeld 5

Aufgabe 7

In dem Diagramm wird die Auslaufmenge nach dem Druck bestimmt. Es wird zwischen Ruhedruck und Fließdruck unterschieden.

a) Erklären Sie den Unterschied zwischen Ruhedruck und Fließdruck. Welcher Druck ist kleiner? Warum ist dieser Druck kleiner?

b) Welchen Druck müssen Sie beim Ablesen des Diagramms verwenden, den Ruhedruck oder den Fließdruck? Begründen Sie ihre Aussage.

Aufgabe 8

Überprüfen Sie nun rechnerisch, ob an der Batterie genügend Druck anliegen kann.
Es liegen folgende Gegebenheiten vor: Am Warmwasserbereiter herrscht ein Druck von 3,0 bar. Die Batterie befindet sich 5,60 m über dem Warmwasserbereiter, die Rohrleitung zur Batterie ist 13,5 m lang. In die Leitung sind eingebaut: acht Bögen 90°, zwei T-Stücke Durchgang und ein T-Stück Abzweig.

a) Bestimmen Sie zuerst den Druckverlust der geraden Rohrstrecke für Kupferrohr 15 x 1 und 18 x 1.
   (Damit Sie die Tabellen in Ihrem Tabellenbuch besser ablesen können, arbeiten Sie mit einem Volumenstrom von 0,4 l/s. Nehmen Sie 60 °C Wassertemperatur an, wenn ihr Tabellenbuch eine Auswahl bietet.)

15 x 1

gesucht: Δp_R

gegeben:

Lösung:

18 x 1

gesucht: Δp_R

gegeben:

Lösung:

b) Bisher haben Sie den Druckverlust der geraden Rohre bestimmt. In der realen Installation sind in der Rohrleitungsführung aber auch Bögen und T-Stücke eingebaut. Die DIN 1988-300 schlägt hier vor, einen Zuschlag von 30 % (wenige Formstücke) bis 60 % (viele Formstücke) anzusetzen. Berechnen Sie den Druckverlust nun mit dem für den Wohnungsbau üblichen Zuschlag von 50 %.

Berechnung des Gesamtdruckverlustes der Rohrleitung mit Zuschlag für Formstücke

15 x 1

gesucht: $\Delta p_{R\ Zuschlag}$

gegeben:

Lösung:

18 x 1

gesucht: $\Delta p_{R\ Zuschlag}$

gegeben:

Lösung:

c) Berechnen Sie nun jeweils den Druck pFl, der an der Batterie zur Verfügung steht, wenn die Leitung in 15 x 1 bzw. 18 x 1 verlegt wurde.

15 x 1

gesucht: p_{Fl}

gegeben:

Lösung:

18 x 1

gesucht: p_{Fl}

gegeben:

Lösung:

d) Welche Folge hat es, wenn die Leitung zur Batterie in Kupferrohr 15 x 1 verlegt wurde?

Lernfeld 5

Aufgabe 9

Welche Auslaufmenge (Volumenstrom) ist zu erwarten, wenn die Leitung in 15 x 1 verlegt wurde? (Entnehmen Sie die Lösung mit Ihrem errechneten Fließdruck dem Diagramm aus Aufgabe 6.)

Aufgabe 10

Berechnen Sie nun, wie lange das Füllen der Wanne sowohl bei der Leitung 15 x 1 als auch bei der Leitung 18 x 1 dauern würde, bis das Volumen von 250 l bei dem ermittelten Fließdruck jeweils aus der Batterie ausgeströmt ist.

Leitung 15 x 1

gesucht: t

gegeben:

Lösung:

Leitung 18 x 1

gesucht: t

gegeben:

Lösung:

Aufgabe 11

Stellen Sie dem Kunden die unterschiedlichen Füllzeiten in einem Balkendiagramm dar. Überlegen Sie sich einen sinnvollen Maßstab zur Darstellung der erforderlichen Balkenhöhe.

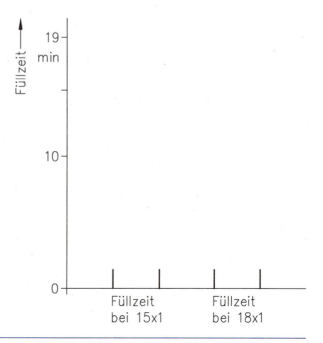

© Westermann Gruppe

5.3 Technische Regeln für Trinkwasseranlagen

Wasserleitungen werden häufig von Heimwerkern verlegt. Der Kunde fragt Sie daher, warum er seine Wasserleitung von einem Fachbetrieb verlegen lassen sollte. Schließlich würde er als Heimwerker alle benötigten Materialien im Baumarkt bekommen und außerdem handwerkliches Geschick besitzen.

Aufgabe 1

Warum sollte eine Trinkwasseranlage besser von einem Fachmann gebaut werden? Bedenken Sie, dass die Trinkwasseranlage eine „Lebensmittelverpackung" ist.
Überlegen Sie sich Argumente.

Aufgabe 2

Nennen Sie Regelwerke, die bei der Installation von Trinkwasseranlagen zu beachten sind.

© Westermann Gruppe

Lernfeld 5

Aufgabe 3

Die Trinkwasserverordnung schreibt vor, dass der Betreiber einer Wasserversorgungsanlage (also auch der Hausbesitzer) den Nutzern einwandfreies Trinkwasser zur Verfügung stellen muss.
Da Wasser ein Naturprodukt ist, kann es bei längerer Stagnation im Trinkwassersystem seine Eigenschaften ändern und eventuell nicht mehr einwandfrei sein. (Wasser muss fließen!) Um trotzdem die Trinkwasserverordnung zu erfüllen, muss daher eine Installation heute anders ausgeführt werden als noch vor zehn Jahren.

a) Wenn ein Absperrventil geschlossen ist, kann sich vor dem Ventil Stagnationswasser bilden. Welche Länge darf das Rohr vor einem Absperrventil maximal haben, damit Stagnationswasser vermieden wird?

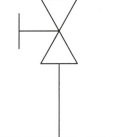

     Allgemeine Regel: _____

b) Bestimmen Sie das Maß für ein Absperrventil DN 15, welches mit Cu-Rohr 15 x 1 angeschlossen ist, und tragen Sie es rechts in der Skizze ein.

Aufgabe 4

a) Früher wurden die Leitungen für einen Sanitärraum häufig wie in Bild 1 dargestellt verlegt (1 WC-Spülkasten, 2 Sitzwaschbecken, 3 Waschbecken, 4 Dusche).
In welchen Leitungen (a – g) bildet sich Stagnationswasser, wenn die Anschlüsse für das Sitzwaschbecken und die Dusche sehr selten benutzt werden?

_____

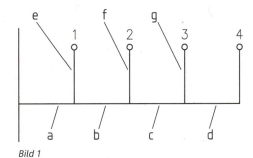

Bild 1

b) Eine Möglichkeit, Stagnationswasser zu minimieren, wäre eine Leitungsverlegung entsprechend dem Bild 2. Gibt es hier immer noch Leitungsteile mit Stagnationswasser? (Nutzung wie oben.)

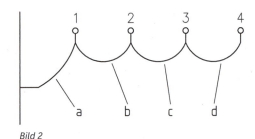

Bild 2

c) Besser wäre eine Verlegung entsprechend dem Bild 3. Erklären Sie dem Kunden, warum hier alle Leitungsteile durchspült werden, wenn z. B. am Waschbecken Wasser gezapft wird. Beachten Sie: Beim Zapfvorgang fällt der Wasserdruck an der Wandscheibe 3 ab.

_____

_____

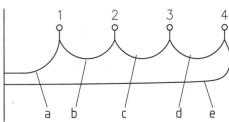

Bild 3

Aufgabe 5

Wenn der gesamte Sanitärraum eher selten benutzt wird, kann es auch bei einer Leitungsführung entsprechend Bild 3 aus Aufgabe 4 immer noch zu Problemen mit Stagnationswasser kommen.

Wenn Sie nun einen Strömungsteiler (Informationen z. B. unter www.hygienesystem-khs.com) verwenden, können Sie auch dieses Problem erfolgreich lösen.

a) Ergänzen Sie im Bild unten, wie Sie den Strömungsteiler einbauen. Machen Sie mit Pfeilen deutlich, wo die Venturidüse ist und welche Strömungsrichtungen in den Leitungen vorliegen.

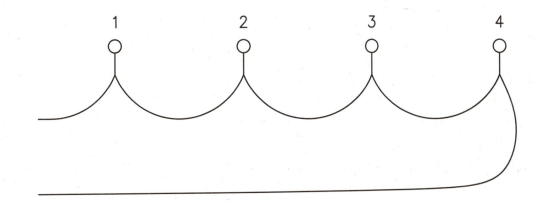

b) Was müssen Sie bei der Planung der Anlage unbedingt beachten, damit der Strömungsteiler funktioniert?

c) Wenn Wasser durch den Strömungsteiler fließt, so wird der Volumenstrom im Verhältnis 90 : 10 aufgeteilt. (90 % strömen durch die Venturidüse und 10 % werden aus der Ringleitung gezogen.) Wie viel Liter Wasser werden aus der Ringleitung gezogen, wenn an der nachfolgenden Leitung ein 6-Liter-Spülkasten gefüllt wird?

d) Berechnen Sie, in wie viel Meter Kupferrohr 15 x 1 mit dieser Wassermenge das Wasser komplett getauscht werden kann.

gesucht: *l*

gegeben:

Lösung:

Lernfeld 5

Aufgabe 6

Wird eine Trinkwasseranlage länger nicht benutzt (wenn z. B. die ganze Familie drei Wochen im Urlaub war), wird empfohlen, durch Öffnen der Entnahmearmaturen das Wasser auszutauschen.
Wie lange muss der Kunde eine Mischbatterie mit einem Auslaufvolumenstrom von 9 l/min laufen lassen, um das Wasser in einer 1,5 m langen Leitung aus Kupferrohr 15 x 1 auszutauschen? (Volumenstrom)

gesucht: $t_{Auslauf}$ in s

gegeben:

Lösung:

Aufgabe 7

Der Kunde ist mit der Lösung, nach einem längerem Urlaub an den verschiedensten Zapfstellen Wasser laufen lassen zu müssen, nicht zufrieden. Außerdem will er als Rentner die Wintermonate im Süden verbringen. Schlagen Sie ihm technische Lösungen für sein Problem vor (Informationen z. B. unter www.hygienesystem-khs.com).

Aufgabe 8

Es werden Absperrarmaturen, Regel-, Sicherungs- und Sicherheitsarmaturen sowie Auslaufarmaturen unterschieden. Ordnen Sie den Armaturen in der Tabelle je ein Beispiel aus der Praxis zu.

Absperrarmatur	Etagenabsperrventil
Regelarmatur	
Sicherungsarmatur	
Sicherheitsarmatur	
Auslaufarmatur	

Aufgabe 9

Hähne dürfen nur als Wartungsarmaturen eingebaut werden. Ihre Bedienung soll nur von eingewiesenen Personen erfolgen.
Warum gelten diese besonderen Regeln für Hähne?

5.4 Wärmedämmung von Trinkwasserleitungen

Während Sie bei einem Kunden eine Reparatur ausführen, spricht er Sie auf folgendes Problem an:
Die Kaltwasserleitungen sind von außen feucht, auf dem Fußboden darunter sind sogar feuchte Spuren zu erkennen.

Aufgabe 1

Warum bildet sich Feuchtigkeit auf der Oberfläche der Kaltwasserleitungen? Zu welcher Jahreszeit werden diese Probleme eher auftreten?

Aufgabe 2

Unabhängig von dem in Aufgabe 1 angesprochenen Problem schreibt die DIN 1988 generell eine Dämmung der Kaltwasserleitungen vor. Welcher Vorteil ergibt sich für den Kunden aus dieser Vorschrift? (Wärmedämmung)

Aufgabe 3

Wonach richtet sich die Dämmstoffdicke bei einer Kaltwasserleitung?

Aufgabe 4

Ordnen Sie den Beispielen jeweils die korrekte Dämmstoffdicke zu.

Einbausituation der Kaltwasserleitung	Mindestdämmstoffdicke
unter der Kellerdecke in einem beheizten Raum	
in einem Mauerschlitz zu einer Kaltwasserzapfstelle	
in einem Schacht gemeinsam mit Heizungs- und Warmwasserleitungen	

Aufgabe 5

Auch die Warmwasserleitungen müssen gedämmt werden.

a) Nach welcher Vorschrift müssen Sie sich hier richten?

b) Welchen Vorteil hat der Kunde hier von der Dämmung?

Aufgabe 6

Ordnen Sie den Beispielen jeweils die korrekte Dämmstoffdicke zu (λ = 0,035 W/mK).

Einbausituation der Warmwasserleitung	Mindestdämmstoffdicke in mm
Zirkulationsleitung d_i = 10 mm	
Warmwasser-Anschlussleitung d_i = 16 mm, nicht zirkuliert	
Warmwasserleitung d_i = 25 mm, mit Zirkulation	
Warmwasserleitung Kupfer 42 x 1,5, mit Zirkulation	
Warmwasser-Anschlussleitung in Kupfer 28 x 1,5	
Warmwasserleitung d_i = 13 mm, mit Begleitheizung	

Aufgabe 7

Warmwasserleitungen, die nach der EnEV gedämmt werden, haben mit der Dämmung einen Außendurchmesser, der bei der Montage Probleme bereiten kann.

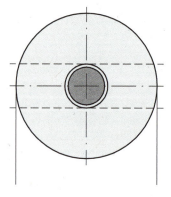

a) Bestimmen Sie den Außendurchmesser für ein wärmegedämmtes Kupferrohr 15 x 1.

gesucht: $d_{a\,Dämmung}$

gegeben:

Lösung:

b) Verschiedene Hersteller bieten auch Dämmmaterial mit einer besseren Wärmedämmung an. So hat z. B. WICU extra einen λ-Wert von 0,025 W/mK und der Hersteller gibt eine Dämmschichtdicke von 10,5 mm an.

Welchen Außendurchmesser hat das wärmegedämmte Kupferrohr 15 x 1 mit dieser Dämmung?

gesucht: $d_{a\,Dämmung}$

gegeben:

Lösung:

5.5　Der Potenzialausgleich im SHK-Bereich

In einem Gebäude gibt es in der Regel eine Vielzahl von Versorgungssystemen, wie Installationen für Starkstrom, Wasser, Abwasser, Gas, Heizung und Telekommunikation. All diese Systeme haben ihren Ursprung im Hausanschlussraum. Im Hausanschlussraum sind alle zur Versorgung gehörenden Einrichtungen übersichtlich nach Vorgaben installiert, um sie sicher bedienen, warten und instand setzen zu können.

In diesem System wirkt auch eine Vielzahl von elektrischen Verbrauchern, sodass Fehler oder Mängel in einem Leitungssystem ungünstige oder gefährliche Rückwirkungen auf ein anderes System haben können. Dabei kann es auch zur Gefährdung von Menschen kommen. Ihr Geselle weist Sie während der gemeinsamen Anlagenmontage darauf hin, dass der Anlagenmechaniker diese Gefahren erkennen und durch entsprechende Maßnahmen auch verhindern muss.

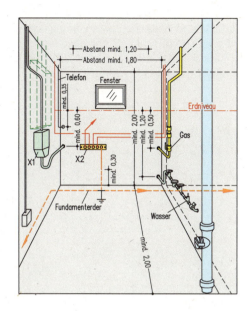

© Westermann Gruppe

Lernfeld 5

Aufgabe 1

Eine der wichtigsten Maßnahmen, um das Entstehen von Gefahren in diesem System zu verhindern, ist der <u>Potenzialausgleich</u>.

a)　Stellen Sie dar, welche Aufgabe der Potenzialausgleich in diesem System übernehmen muss.

b)　Was gehört hierbei alles zu Ihrem SHK-Bereich, dem leitfähigen Rohrsystem? Nennen Sie Beispiele.

Aufgabe 2

Sie erhalten nun von Ihrem Gesellen (er ist bestellte Elektrofachkraft SHK) den Auftrag, ihm dabei zu helfen, den <u>Potenzialausgleich</u> für das von Ihnen beiden installierte Rohrsystem herzustellen.
Wie muss hierbei vorgegangen werden?

Aufgabe 3

Im folgenden Bild sehen Sie ein Gebäudeschema, in dem alle wesentlichen Versorgungsleitungen aufgeführt sind. Jedoch sind noch nicht alle Leitungssysteme an die Potenzialausgleichsschiene angeschlossen. Es fehlen noch wesentliche Anschlüsse. Ihr Geselle gibt Ihnen die Aufgabe, zur Planung und zur Vorbereitung der weiteren Arbeit das Potenzialausgleichssystem zu vervollständigen, indem Sie alle noch fehlenden Potenzialanschlüsse und -leitungen fachgerecht in die Skizze eintragen. Benutzen Sie hierfür die vorgeschriebene grün-gelbe Leitungskennung.

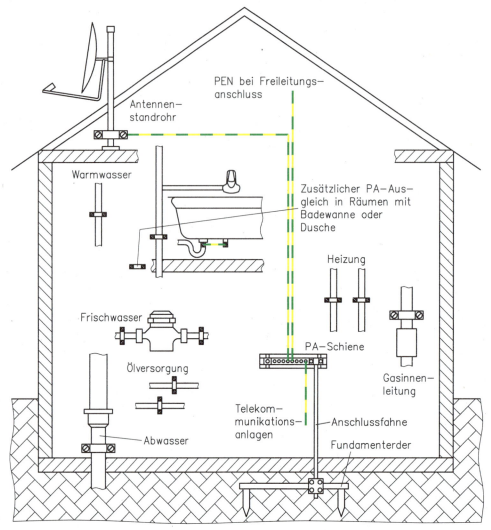

Aufgabe 4

Ihr Geselle berichtet Ihnen, dass in früheren Jahren die metallene Wasserleitung oft als Hauptpotenzialausgleich diente. In Altanlagen ist diese Maßnahme noch des Öfteren vorzufinden.

a) Darf die Wasserleitung, insbesondere bei Neuinstallationen, noch als Hauptpotenzial genutzt werden? Begründen Sie Ihre Antwort.

_____

_____

_____

_____

_____

_____

b) Zeigen Sie auf, was in diesem Fall unternommen werden muss.

Aufgabe 5

Ihr Geselle fragt Sie, ob für den Potenzialausgleich innerhalb des Rohrsystems jegliches Leitermaterial verwendet werden darf, oder ob hierbei bestimmte Vorgaben beachtet werden müssen. (Der Potenzialausgleichsleiter soll hier ohne mechanischen Schutz verlegt werden.)
Beantworten Sie ihm die Frage unter Zuhilfenahme der folgenden Tabelle und begründen Sie Ihre Entscheidung. Nennen Sie eventuell vorgeschriebenes Leitermaterial, seinen Mindestquerschnitt und die farbliche Kennzeichnung.

Querschnitte für Potenzialausgleichsleiter

Art	Hauptpotenzialausgleich	zusätzlicher Potenzialausgleich	
normal	0,5 x größter Querschnitt des PE der Anlage, jedoch nicht über 25 mm² Cu oder gleicher Leitwert	zwischen zwei Körpern	1 x kleinerer Querschnitt des PE
		zwischen einem Körper und einem fremden, leitfähigen Teil	0,5 x Querschnitt des PE
mindestens	6 mm² CU oder gleicher Leitwert[1]	bei mechanischem Schutz	2,5 mm² Cu 4 mm² Al
		ohne mechanischen Schutz	4 mm² Cu
[1] Al darf nur geschützt verlegt werden.			

Aufgabe 6

Wenn bei älteren Anlagen Wasserleitungen in den Potenzialausgleich einbezogen sind, so ist beim Wasserzähler eine besondere Maßnahme erforderlich (Wasserzählanlage, Hauswasserzähler).

a) Welche Maßnahme ist hier notwendig?

b) Zu welchem Zweck muss diese Maßnahme durchgeführt werden?

Aufgabe 7

Diese beim <u>Wasserzähler</u> erforderliche Maßnahme kann auf zweierlei Weise erfolgen.

a) Benennen Sie die beiden Möglichkeiten und skizzieren Sie die beiden Lösungen in die vorgegebenen Zeichnungen ein.

Möglichkeit I

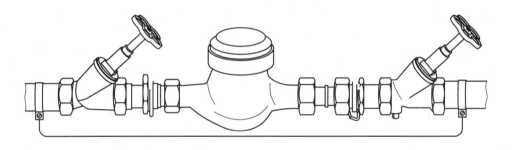

Möglichkeit II

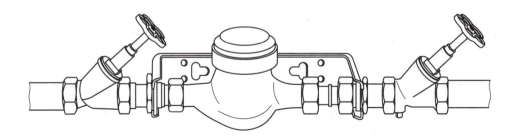

b) Eine dieser Maßnahmen verlangt kein fertiges Bauteil, sodass Sie in diesem Fall die Funktion selbst herstellen müssen. Für den Leiter sind jedoch bestimmte <u>Mindestquerschnitte</u> zu beachten.
Benennen Sie für die folgenden Materialien die Mindestquerschnitte.

Verzinntes Kupferseil: _____ mm^2

Verzinntes Stahlseil: _____ mm^2

Verzinkter Bandstahl: _____ mm^2　Materialstärke: 3 mm^2

Aufgabe 8

Beim Anschluss des letzten Rohrs an die Potenzialausgleichsleitung stellt Ihr Geselle plötzlich fest, dass die Schellen ausgegangen sind. Sie finden in Ihrem Werkzeugkasten noch eine gewöhnliche <u>Rohrschelle</u> und wollen diese für den Anschluss verwenden. Wie müssen Sie vorgehen?

(Zur Beantwortung dieser Frage sehen Sie sich die Ausführungen einiger zugelassener Schellen an.)

Erdungsrohrschelle mit Anschlussschraube

Nach VDE. Für Rohre 1/4" 10–13 mm Durchmesser. Kupfer vernickelt mit Anschlussschraube für Potenzialausgleichsleitungen

Potenzialausgleichs-Erdungsbandschelle

Nach VDE. Zur potenzialfreien Erdung von Rundleitern und Rohren, Spannbereich: 8...17,5 mm, Abmessungen: 42,5 x 15 x 16 x M 5 mm (A x B x C) Spannbereich: 8...17,5 mm

Potenzial-Erdungsbandschelle 1/8–3/8 Zoll

Erdungsbandschelle nach VDE. Für verzinkte Stahlrohre und Kupferrohre Anschlüsse 2,5–16 mm^2 Spannband V2A 1/8–3/8 Zoll für Rohrdurchmesser: 5–25 mm

Aufgabe 9

Bei der Sichtkontrolle fällt Ihnen auf, dass an einem älteren Teil eines bereits vorhandenen Anlagenteils eine Schelle für den Potenzialausgleich direkt auf der Dämmung eines Metallrohrs für die Warmwasserversorgung montiert worden ist. Aus welchem Grund müssen Sie in diesem Fall etwas unternehmen und wie müssen Sie vorgehen?

Name　　　　　　　　　　　Klasse/Gruppe　　　　　　　　　Datum

Lernfeld 5

Aufgabe 10

Ihr Geselle erklärt Ihnen, dass die Hauptpotenzialausgleichsschiene der zentrale Punkt aller Potenzialausgleichs-
maßnahmen in einem Gebäude ist. Erläutern Sie diese Aussage näher.

Aufgabe 11

Sie überprüfen mit Ihrem Gesellen im Bad die örtliche Neben- bzw. Zusatzpotenzialausgleichsschiene. Worin un-
terscheidet sich ein Haupt- von einem örtlichen Zusatzpotenzialausgleich und in welchen Räumen ist welche Art
von Potenzialausgleich vorzusehen?

Hauptpotenzialausgleich

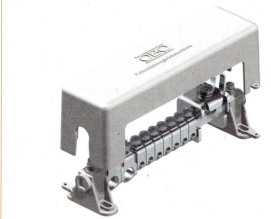

**VDE-Hauptpotenzialausgleichsschiene nach
VDE 0618**

Anschluss für 7 x 2,5–25 mm², 2 x 25–95 mm²
und 1 Erdungsband 30 x 5 mm – nach VDE 0618 Teil
1 Klemmschiene aus vernickeltem Messing mit
Reihenklemmen aus galvanisch verzinktem Stahl –
Kunststoff-Abdeckhaube und Schienenblöcke aus
Polystyrol, grau – Anschluss für 7 x 2,5–25 mm²,
2 x 25–95 mm² und 1 Erdungsband 30 x 5 mm

Örtlicher (Neben-) Zusatzpotenzialausgleich

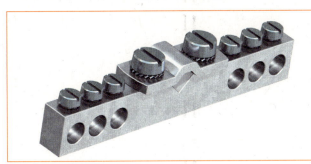

Baderdungsschiene nach DIN VDE

Messing 1 x 6 bis 16 mm^2, 6 x 1,5 bis 10 mm^2
Anschluss-Ø: 1 x 6 bis 16mm^2
6 x 1,5 bis 10 mm^2

Aufgabe 12

Darf der Potenzialanschluss an einem Rohrsystem an jeder beliebigen Stelle der Leitung angebracht werden?

Aufgabe 13

Nachdem Ihr Geselle mit Ihnen die Installation des Potenzialausgleichs durchgeführt hat, erläutert er Ihnen die einzelnen Schritte, die Sie nun zur Überprüfung des Potenzialausgleichs nach <u>DIN VDE 0100 Teil 610</u> durchzuführen haben. Die einzelnen Prüfschritte sind: 1. Besichtigen, 2. Erproben und 3. Messen.
Erläutern Sie kurz, welche Aufgaben in jedem einzelnen Schritt durchzuführen sind.

1. Besichtigen:

Lernfeld 5

2. Erproben:

3. Messen:

Aufgabe 14

Es kann der Fall eintreten, dass im Verlauf von Reparatur-, Wartungs- oder Erweiterungsarbeiten in den Potenzialausgleich einbezogene Rohrleitungen vorübergehend getrennt werden müssen. Kann Ihnen hierdurch eine Gefährdung entstehen und wie muss hier verfahren werden?

Aufgabe 15

Bei einem elektrischen Schlag können für den Menschen große Gefahren entstehen. Wovon hängt es ab, ob Körperströme gefährlich sind? Nehmen Sie das Diagramm zu Hilfe und nennen Sie drei bestimmende Kriterien. (<u>gefährliche</u> <u>Körperströme</u>)

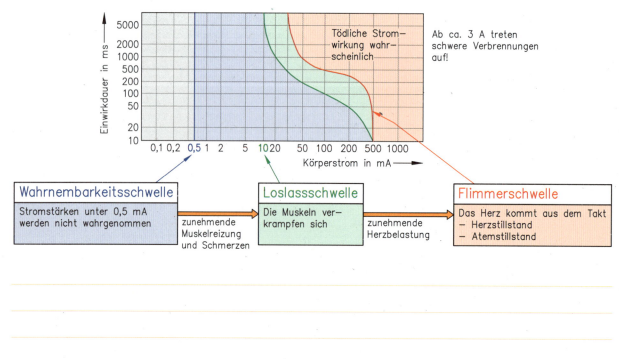

5.6 Umgang mit Zeichnungen

Um in dem Beruf des Anlagenmechanikers Sanitär-, Heizungs- und Klimatechnik kompetent arbeiten zu können, müssen Sie in der Lage sein, Grundrisszeichnungen und Strangschemen zu lesen.

Aufgabe 1

Benennen Sie die gekennzeichneten Symbole.

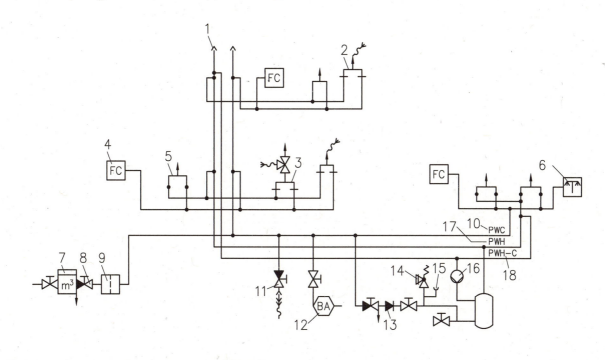

Aufgabe 2

Rechts sehen Sie die Grundrisszeichnungen eines Einfamilienhauses.

Die Kaltwasserverteilung erfolgt im Wesentlichen unter der Kellerdecke und ist im Prinzip vorgegeben. Wo Leitungen fehlen, ergänzen Sie diese bitte.

Die Räume sind wie folgt ausgestaltet:

- neben der Wasserzähleranlage: über dem Ausguss ein Zapfventil mit Rückflussverhinderer, Rohrbelüfter und Schlauchverschraubung

- im Heizungsraum: ein Systemtrenner Typ CA

- alle Waschtische: Standmischbatterien

- alle Duschen: eigensichere Wandbatterien mit Handbrause

- Wanne: eigensichere Wannenfüll- und Brausebatterie

- Küche: Standmischbatterie

- WC im Keller: Druckspüler

- alle anderen WC: Spülkasten

Skizzieren Sie das Strangschema der Kaltwasseranlage.

(Achtung: Es gibt verschiedene richtige Lösungen.)

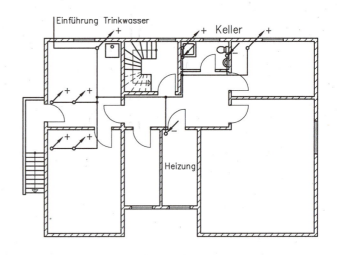

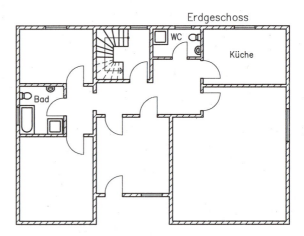

Erdgeschoss

Erdgeschoss

Keller

Einführung
Trinkwasser

5.7 Abschlussarbeiten und Übergabe der Anlage

Bevor eine Trinkwasseranlage in Betrieb gehen kann, müssen Sie diese noch auf Dichtheit prüfen, spülen, auf Funktion prüfen und den Kunden in die Anlage einweisen.

Aufgabe 1

Die DIN EN 806-4 lässt die Luftprüfung als ausreichende Dichtheitsprüfung zu.
Warum ist die, früher übliche, Wasserprüfung heute nicht mehr sinnvoll?

Aufgabe 2

Erstellen Sie einen Arbeitsplan für das Spülen der Anlage. Geben Sie an, in welcher Reihenfolge Sie die einzelnen Anschlussstellen zum Spülen öffnen und schließen.

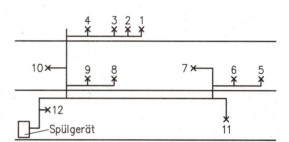

Lernfeld 5

Aufgabe 3

Der Kunde hat einen Brunnen, der seiner Meinung nach Trinkwasserqualität liefert. Er spricht Sie an, ob es möglich wäre, sein Brunnenwasser über einen Dreiwegehahn auch in die Trinkwasserleitung einzuspeisen.
Welche Auskunft geben Sie ihm?

Aufgabe 4

Nun sollen Sie die Anlagen zum Schutz gegen Rücksaugen auf ihre Funktion hin überprüfen. Sie beginnen mit dem KFR-Ventil hinter dem Wasserzähler. Beschreiben Sie, wie Sie vorgehen. Benutzen Sie die Nummern aus der Skizze.
(Bei Ihnen ist ein Wasserzähler zwischen den beiden Ventilen.)

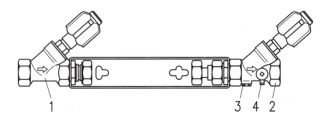

Aufgabe 5

Als Heizungsfüllvorrichtung haben Sie einen Rohrtrenner Typ BA installiert. Sie unterhalten sich mit einem Kollegen darüber, ob hier nicht auch andere Armaturen eingebaut werden können.
Ihre Meinung: Wenn das Heizungswasser ohne Inhibitoren ist, könnte auch ein Rohrtrenner Typ CA eingebaut werden.
Die Meinung Ihres Kollegen: Nach DIN EN 1717 dürfen auch Armaturen des Typs DA oder HA eingebaut werden.
Klären Sie, was richtig ist. Begründen Sie Ihre Entscheidung und überlegen Sie sich ein Beispiel dafür, wann auch die Armaturen Typ DA oder HA verwendet werden dürfen.

© Westermann Gruppe

Aufgabe 6

a) Erklären Sie dem Kunden die Funktion des Rohrtrenners BA. Leider haben Sie nur die englische Anleitung der Fa. Kemper zur Hand. Versuchen Sie, diese zu übersetzen.

Technically perfected, and therefore completely safe: The KEMPER ‚Protect' backflow preventer BA is based on a sophisticated 3-chamber system with inlet pressure and outlet pressure zones. The differential pressure controls of the inletside protection cartridge and of the outlet-side anti-pollution check valve guarantee reliability as well as a high level of safety.

I. Rest position
(under operating pressuere)

When no water is beeing drawn off, the inlet- and outlet-side anti-pollution check valve and the drain valve are closed.

II. Flow position

When water is beeing drawn off, the inlet- and outlet-side anti-pollution check valve are open and the drain valve is closed.

III. Disconnection position

When back-siphonage occurs, there is a fall in the inlet-side pressure. If the pressure difference between the inlet and centre pressure chamber lies only a little above 0.14 bar, the inlet-side anti-pollution check valve closes and the drain valve opens.

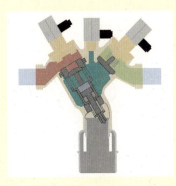  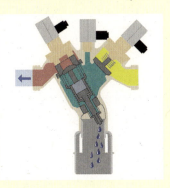

Lernfeld 5

(Tipp: Wer mit der Übersetzung große Probleme hat, sollte sich die Homepage der Firma Kemper genauer ansehen.)

I Ruhestellung (unter Betriebsdruck)	II	III

Name | Klasse/Gruppe | Datum

Aufgabe 7

Erstellen Sie einen Arbeitsplan, wie Sie den Rohrtrenner Typ BA auf korrekte Funktion überprüfen.

Aufgabe 8

Während der Einweisung erklären Sie dem Kunden unter anderem, dass seine Wannenfüll- und Brausebatterie eigensicher ist.
a) Durch welches Einbauteil wird eine Batterie eigensicher?

b) Erklären Sie dem Kunden an einem Beispiel, was passieren könnte, wenn er die Batterie durch eine Baumarktbatterie ersetzt, die nicht eigensicher ist.

Aufgabe 9

Nachdem Sie nun den Kunden in die gesamte Anlage eingewiesen und ihm einen Ordner mit allen technischen Unterlagen übergeben haben, legen Sie ihm ein Schriftstück vor, welches mit folgendem Satz endet:

> **Die regelmäßige Wartung und Instandhaltung des Hausinstallationssystems wurde als Angebot übergeben.**
> **Ein Wartungs- und Instandhaltungsvertrag wurde abgeschlossen:** ☐ **ja /** ☐ **nein**

Warum ist es für Ihre Firma sinnvoll, dass der Kunde diesen Sachverhalt bestätigt, auch wenn er keinen Wartungs- und Instandhaltungsvertrag wünscht?

6.1 Abwassersysteme

„Der Nebel bringt es an den Tag ..." Untersuchung der Schmutzwasserkanalisation

Bei stärkeren Niederschlägen kommt es in einigen Bereichen der Gemeinde immer wieder zu Überlastungen des Schmutzwassernetzes. Um festzustellen, ob unter Umständen Niederschlagswasser fälschlicherweise in die Schmutzwasser-kanalisation eingeleitet wird, soll eine Untersuchung durchgeführt werden.

Diese Überprüfung erfolgt mit dem sogenannten Signalnebel-Verfahren. Dabei wird über die vorhandenen Kontroll- und Übergabeschächte unter geringem Druck Signalnebel (Theaternebel) in den Kanal eingeblasen. Im Falle von Falschanschlüssen tritt schon nach kurzer Zeit der Nebel aus Regenfallrohren, Hof- und Straßenabläufen aus.

Der Kunde hat diese Mitteilung in seiner Zeitung gelesen. Da ihm nicht klar ist, worum es wirklich geht, bittet er Sie als Fachmann um nähere Informationen.

Aufgabe 1

Erklären Sie dem Kunden in diesem Zusammenhang den Unterschied zwischen dem Mischsystem und dem Trennsystem.

Mischsystem:

_____

_____

Trennsystem:

_____

_____

_____

Aufgabe 2

Bei welchem dieser beiden Systeme macht eine Überprüfung mit Nebelmaschinen Sinn? Begründen Sie Ihre Aussage.

_____

_____

_____

_____

_____

Lernfeld 6

Aufgabe 3

Machen Sie dem Kunden die unterschiedliche Rohrverlegung der beiden Systeme deutlich.
Die folgenden Skizzen stellen eine Straße dar, links und rechts der Straße sind jeweils zwei Häuser mit Satteldach. Jedes Gebäude hat zwei Regenwasserfallleitungen. Die beiden Regenwasserfallleitungen sind jeweils mithilfe der Regenwassergrundleitung zusammengeführt und bis nahe der Grundstücksgrenze verlegt (gestrichelte Leitung). Auch die Schmutzwassergrundleitung ist jeweils aus dem Haus bis nahe der Grundstücksgrenze verlegt (ausgezogene Leitung).

Ergänzen Sie jeweils im Bereich der Straße die Leitungsführung für den öffentlichen Kanal (Regenwasser- und Schmutzwasserkanal oder Mischwasserkanal), binden Sie die Grundleitungen der Häuser jeweils an die Kanäle an und ergänzen Sie die erforderlichen Schächte.

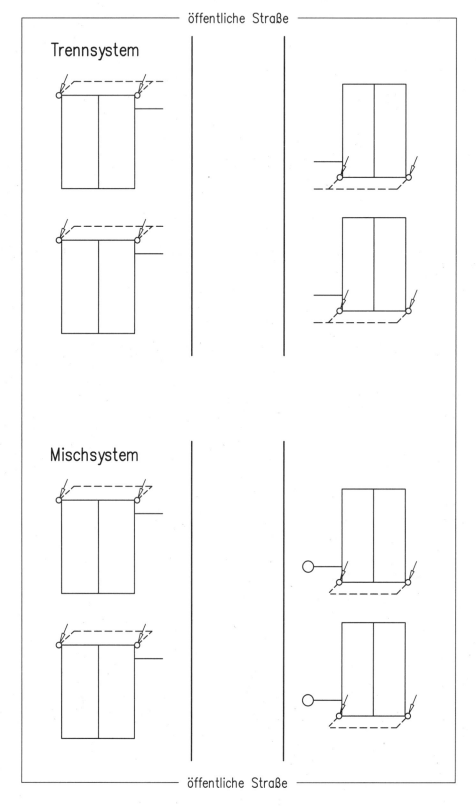

Aufgabe 4

Wie kann der Kunde relativ schnell und einfach überprüfen, welches System bei ihm vorliegt?

(Anmerkung: In ländlichen Regionen ist es üblich, das Regenwasser z. B. in Sickerschächten abzuleiten. Dort ist dann auf der Straße auch nur eine Schachtabdeckung für die Schmutzwasserleitung zu erkennen.)

Aufgabe 5

Wo bekommt der Kunde exakte Informationen über das Abwassersystem?

Aufgabe 6

Welche nachteiligen Folgen hat

- eine Fehleinleitung von Regenwasser beim Trennsystem?

- eine Fehleinleitung von Schmutzwasser beim Trennsystem?

Lernfeld 6

Name   Klasse/Gruppe   Datum

Aufgabe 7

Der Kunde beauftragt Sie, seine Abwasseranlage auf Fehleinleitungen zu überprüfen. Ihnen steht keine Nebelmaschine, sondern nur Farbpulver zur Verfügung.
Überlegen Sie, wie Sie vorgehen. (Es liegt ein Trennsystem vor und an der Grundstücksgrenze sind Übergabeschächte für beide Abwasserarten vorhanden.)

Überprüfung der Regenwasseranlage:

Überprüfung der Schmutzwasseranlage:

6.2 Arbeit mit einem Strangschema

Um in dem Beruf des Anlagenmechanikers Sanitär-, Heizungs- und Klimatechnik kompetent arbeiten zu können, müssen Sie in der Lage sein, Grundrisszeichnungen und Strangschemen zu lesen.

Im Folgenden sehen Sie das Strangschema eines Einfamilienhauses, auf das sich die weiteren Aufgaben beziehen.

Aufgabe 1

Ergänzen Sie das Strangschema mit den entsprechenden Symbolen:
1 Duschwanne, 2 Waschbecken, 3 WC, 4 Belüftungsventil, 5 Waschbecken, 6 Sitzwaschbecken, 7 WC, 8 Wanne, 9 Duschwanne, 10 WC, 11 Waschbecken, 12 Spülbecken einfach mit Geschirrspülmaschine (Sinnbilder Entwässerungstechnik)

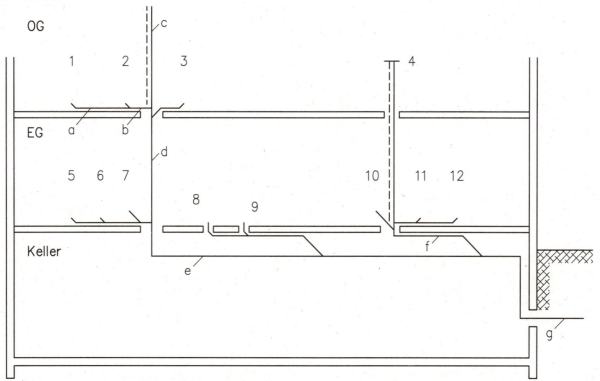

Aufgabe 2

Benennen Sie die Leitungsabschnitte a bis g mit Normausdrücken. (DIN EN 12056)

a = _____   b = _____

c = _____   d = _____

e = _____   f = _____

g = _____

Aufgabe 3

Der Kunde möchte gern, dass im Keller folgende Sanitärobjekte installiert werden:
ein Waschtisch (13), eine Dusche (14) und ein WC (15). Da das Kellerniveau unter dem Niveau der Grundleitung liegt, ist es sinnvoll, hier mit einer kleinen Hebeanlage (16) zu arbeiten.

Ergänzen Sie die Zeichnung mit den Normsymbolen, schließen Sie diese mit einer Leitung an eine Hebeanlage an und binden Sie die Hebeanlage in das vorhandenen Abwassersystem ein.

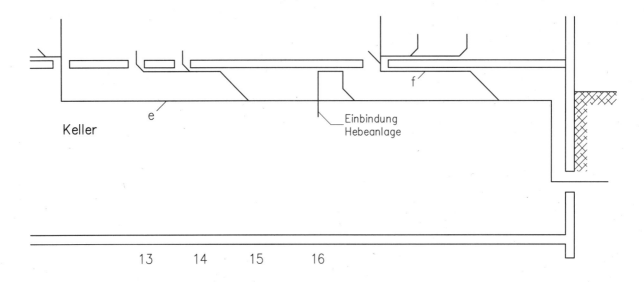

Aufgabe 4

Wenn bei dem Kunden der Anschlusskanal tiefer liegt und daher die Grundleitung auch tiefer verlegt werden kann, kann das im Keller anfallende Abwasser ohne eine Hebeanlage abgeleitet werden.
Ergänzen Sie die Zeichnung mit den Normsymbolen für den Waschtisch (13), die Dusche (14), das WC (15), den Fußbodenablauf mit Geruchverschluss (16) und den Rückstauverschluss für fäkalienhaltiges Abwasser (17).

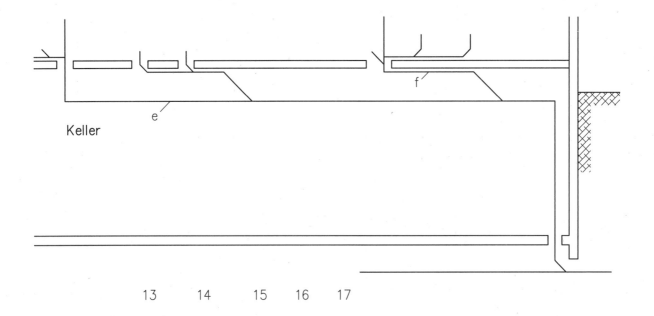

6.3 Gefälleüberprüfung

Ihre Firma muss bei einem Kunden im Zusammenhang mit einer Badezimmersanierung die Sammelleitung unter der Kellerdecke neu verlegen. Würde die Leitung zu tief verlegt, wäre die Kellertür nicht mehr zu öffnen. Es ist also von Ihnen zu klären, ob die Leitungsverlegung so geregelt werden kann, dass die Türöffnung nicht behindert wird.

Aufgabe 1

a) Ermitteln Sie zuerst, welche <u>Mindestgefälle</u> nach DIN EN 12056 beziehungsweise DIN 1986-100 innerhalb von Gebäuden gewählt werden müssen.

– Für Sammelleitungen:

– Für unbelüftete Anschlussleitungen:

b) Sie dürfen aber auch ein Maximalgefälle nicht überschreiten. Wie groß ist das Maximalgefälle für alle Abwasserleitungen? (<u>Gefälle</u>)

Aufgabe 2

a) Warum müssen Abflussleitungen mit Gefälle verlegt werden?

b) Überlegen Sie: Gibt es auch technische Möglichkeiten, die es ermöglichen, Abflussleitungen ohne Gefälle zu verlegen? Begründen Sie, warum eine derartige Möglichkeit dem Kunden nicht zu empfehlen ist.

Lernfeld 6

Name   Klasse/Gruppe   Datum

Aufgabe 3

Da das erforderliche Gefälle hier Installationsprobleme bereiten kann, schlägt der Kunde vor, das Rohr so zu verlegen, dass es „geradeso ein wenig" Gefälle hat.
Erklären Sie ihm, welche Probleme im Rohr auftreten können, wenn es mit zu wenig oder zu viel Gefälle verlegt wird.

– Zu wenig Gefälle:

– Zu viel Gefälle:

Aufgabe 4

Optimale Bedingungen im Rohr herrschen bei einem <u>Füllungsgrad</u> von 0,5. Zeichnen Sie in die Zeichnung rechts jeweils die Oberkante des Wasserspiegels bei einem Füllungsgrad von 0,5 und 0,7 maßstäblich ein.
(Das Rohr hat einen Innendurchmesser von 100 mm.)

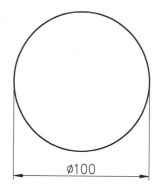

⌀100

Aufgabe 5

Bei der Angabe des Gefälles werden in der Praxis verschiedene Begrifflichkeiten benutzt. Zum Beispiel benutzt man die Angaben 1 : 100, 1 % oder 1 cm/m, um das gleiche Gefälle zu benennen.

Rechnen Sie die folgenden Gefälleangaben jeweils um.

$I_\%$	I_N	cm/m
	1 : 50	
5		
		0,5
		1,2
	1 : 125	
	1 : 66	1,5

Aufgabe 6

Nun müssen Sie überprüfen, ob Sie die Leitung bei dem Kunden in einem <u>Gefälle</u> von einem Prozent verlegen können.

Die Raumhöhe im Keller beträgt 2,30 m, die Tür ist 2 m hoch. Der Abstand zwischen Rohroberkante und Decke beträgt am Beginn des Gefälles 5 cm. Es soll HT Rohr in DN 100 (110) eingebaut werden. Die Rohrlänge bis zum kritischen Kreuzungspunkt mit der Tür beträgt 5,50 m.

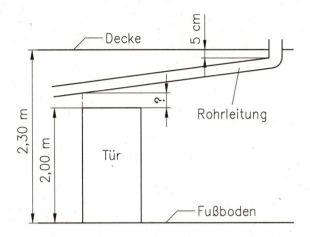

gesucht: $h_{Rohrunterkante}$

gegeben:

Lösung:

Bewertung des Ergebnisses:

Aufgabe 7

Die Gesamtlänge der Sammelleitung beträgt 12,34 m. Welcher Höhenunterschied ergibt sich, wenn Sie die Leitung mit einem Gefälle von einem Prozent verlegen?

gesucht: h

gegeben:

Lösung:

Lernfeld 6

Aufgabe 8

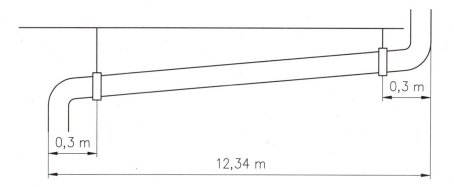

Die Sammelleitung soll mit Schellen unter der Decke befestigt werden. Der Rohrhersteller schreibt einen maximalen Schellenabstand vor, der zehn mal den Außendurchmesser beträgt. Die Leitung ist 12,34 m lang, die erste Schelle soll 0,3 m nach Beginn der Leitung, die letzte Schelle 0,3 m vor Ende der Leitung angebracht werden. Wie viele Schellen sind zur Befestigung der Leitung mit einem Außendurchmesser von 110 mm erforderlich? (Teilung von Längen)

gesucht: $n_{Schellen}$

gegeben:

Lösung:

Anzahl der Schellen:

Aufgabe 9

Die Schellen sollen mit Gewindestangen und Gewindedübeln an der Decke befestigt werden. Die Gewindestange für die Schelle am hohen Ende der Leitung hat eine Länge von 70 mm.
Wie viel Millimeter Gewindestange benötigen Sie, um die erforderlichen Gewindestangen für alle Schellen anzufertigen? (Gefälle 1 %, Länge für die Berechnung der Höhendifferenz ist das Maß zwischen den Schellen.)

gesucht : $l_{Gewindestange}$

gegeben:

Lösung:

© Westermann Gruppe

6.4 Regeln für die Installation von Formstücken

Wenn Sie in einem Gebäude Abwasserleitungen installieren sollen, liegen Ihnen zwar in der Regel Grundrisszeichnungen vor, aber Sie haben keine Vorgaben welche Formstücke Sie wie einbauen müssen.

Inhalt der folgenden Aufgaben ist, dass Sie entscheiden sollen, welche Formstücke unter welchen Bedingungen eingebaut werden müssen.

Aufgabe 1

Sie sollen zwei <u>Sammelleitungen</u>, die unter der Decke verlegt sind, zusammenführen (siehe Skizze). Die Leitung 2 fließt in die Leitung 1.

a) Skizzieren Sie jeweils die korrekte Leitungsführung in der Grundrisszeichnung und in der Aufrisszeichnung.

b) Welche Gradzahl muss der Abzweig haben?

_____

c) Wie ist die Zusammenführung der Leitung 1 mit der Leitung 2 zu gestalten?

_____

_____

_____

d) Welche Formstücke benötigen Sie, um diese Einbindung herzustellen? (Beide Rohrleitungen sind in DN 100 auszuführen.)

_____

_____

_____

Lernfeld 6

e) Warum muss die Einleitung in der von Ihnen gewählten Form ausgeführt werden? Was wären die Folgen, wenn Sie sie anders ausführen würden?

_____

_____

_____

_____

_____

Aufgabe 2

Nachdem Sie die Leitung entsprechend Aufgabe 1 zusammengeführt haben, muss sie gemäß Skizze um 90° umgelenkt werden.
Welche Formstücke müssen Sie für die Umlenkung verwenden und warum sind diese Formstücke zu verwenden? Skizzieren Sie die Umlenkung in die Skizze ein.

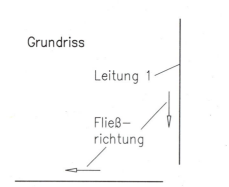

Formstücke:

_____

Begründung:

_____

_____

_____

_____

Aufgabe 3

In der Leitung 2 ist ein Abzweig DN 100 x DN 100 eingebaut, nach dem die Leitung auf DN 70 reduziert werden soll. Ist das exzentrische Reduzierstück sohlengleich oder scheitelgleich einzubauen? Begründen Sie Ihre Wahl. Zeichnen Sie die Lage der Reduzierung in die Skizze ein.

_____

_____

_____

_____

_____

Aufgabe 4

Abzweige in <u>Fallleitungen</u> sollen einmal in 87° (88,5°) und einmal in 45° ausgeführt werden.
Im Folgenden sind verschiedene Einbausituationen skizziert. Entscheiden Sie jeweils, welchen Winkel der Abzweig haben muss, und begründen Sie, warum dieser Winkel gewählt werden soll. Zur Erläuterung Ihrer Begründung sollten Sie außerdem jeweils den erwarteten Wasserverlauf in die Skizzen eintragen.

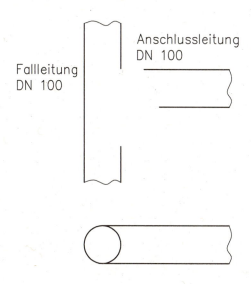

a) Fallleitung und Anschlussleitung DN 100

Anschlusswinkel:

_____

Begründung:

_____

_____

_____

_____

_____

_____

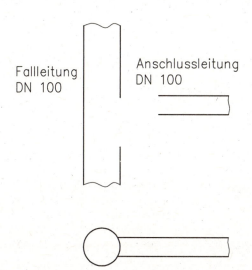

b) Fallleitung DN 100 und Anschlussleitung DN 50

Anschlusswinkel:

_____

Begründung:

_____

_____

_____

_____

_____

_____

Lernfeld 6

_____

Name   Klasse/Gruppe   Datum

Aufgabe 5

Weder der 87°-Abzweig noch der 45°-Abzweig sind für die Einleitung einer Anschlussleitung in die Fallleitung die optimale Lösung. Abflussrohrsysteme wie SML oder Geberit db 20 bieten hier spezielle Abzweige an. (Informationen dazu finden Sie z. B. im Internet bei den Firmen Saint-Gobain (SML) und Geberit.)

a) Ergänzen Sie in den Skizzen, wie die genannten Hersteller jeweils ihren 87°-Abzweig gestaltet haben.

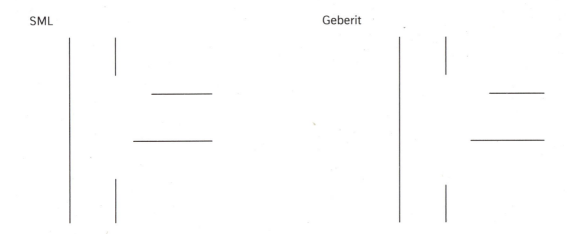

SML   Geberit

b) Welchen Vorteil hat diese Gestaltung des Abzweigs?

_____

_____

_____

_____

Aufgabe 6

An eine Fallleitung soll ein Toilettenbecken mit einer Einzelanschlussleitung angeschlossen werden. Ergänzen Sie in der Skizze die Rohrleitungsführung. Begründen Sie, warum Sie die Leitung so verlegen.

Fallleitung

Anschluss WC

Aufgabe 7

Im Badezimmer befinden sich links von der Fallleitung Toilettenbecken, Waschbecken und Badewanne, rechts von der Fallleitung müssen Sie eine bodengleiche Duschwanne anschließen.
Es gibt prinzipiell zwei verschiedene Möglichkeiten, um die Leitungen an die Fallleitung anzuschließen.

Ergänzen Sie in den Skizzen die Rohrleitungsführung. Zeichnen Sie darunter jeweils die Leitungsführung im Aufriss.
Tragen Sie die wichtigen Maße ein, die bei der Verlegung berücksichtigt werden müssen.

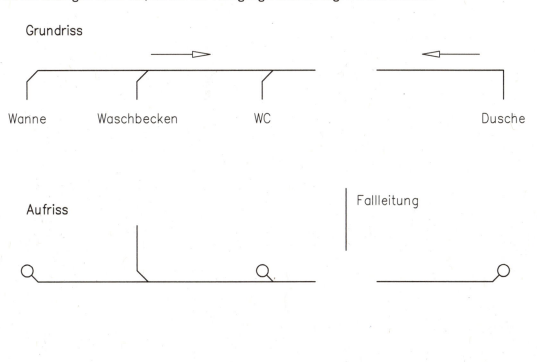

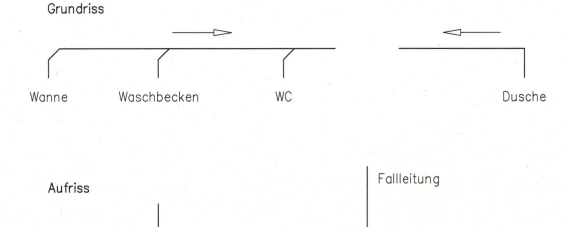

Lernfeld 6

Name   Klasse/Gruppe   Datum

Aufgabe 8

Für den Übergang einer Fallleitung in eine liegende Leitung (Sammelleitung oder Grundleitung) gibt es verschiedene Regeln der Gestaltung.

Sie verlegen die Fallleitung in einem Einfamilienhaus, die Fallleitungslänge beträgt ca. 3 m.

a) Welche Mindestanforderung besteht hier für die Gestaltung des Fußbogens?

b) Strömungstechnisch wäre es günstiger, die Umlenkung anders zu gestalten. Zeichnen Sie in die Skizzen zwei weitere Varianten der Umlenkung ein. Ergänzen Sie die Skizzen, soweit nötig, mit Maßen.

Aufgabe 9

Ab welcher Fallleitungshöhe muss die Umlenkung mit zwei 45°-Bögen und einem 250 mm Zwischenstück ausgeführt werden?

6.5 Dimensionen von Abwasserleitungen

Wenn Sie in einem Gebäude Abwasserleitungen installieren sollen, liegen Ihnen in der Regel Grundrisszeichnungen vor. Häufig haben Sie aber keine Vorgaben, in welchen Dimensionen Sie die Leitungen legen sollen. In den folgenden Aufgaben sollen Sie entscheiden, in welchen Dimensionen die Leitungen jeweils verlegt werden.

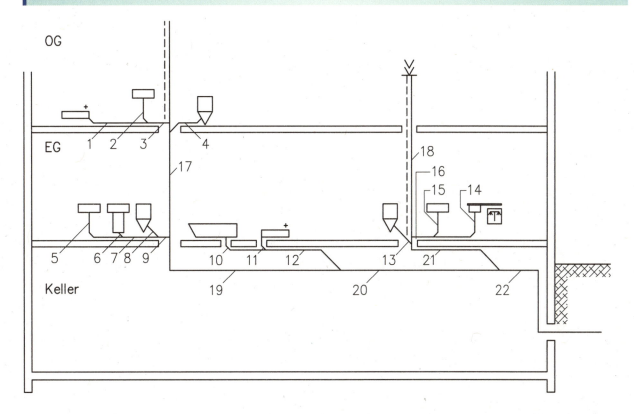

Lernfeld 6

Aufgabe 1

a) Ermitteln Sie die Daten zur Verlegung der Leitungen 1, 2 und 3 in dem Wohngebäude (Dusche mit Stöpsel).
(Entwässerungsanlage, Einzelanschlussleitungen, Anschlusswert, Sammelanschlussleitung)

Nr.	Bezeichnung	maximale Länge	maximale Absturzhöhe	Anzahl der Bögen (90°)	DU/ΣDU	DN (min.)
1	Einzelanschlussleitung					
2						
3						

b) Angenommen Leitung 1 hat eine Länge von 4,5 m. Unter welchen Bedingungen können Sie die Leitung verlegen? Welche Regeln gelten dann?

Aufgabe 2

Ermitteln Sie die Daten zur Verlegung der Leitungen 4 bis 16 (Dusche mit Stöpsel, 6-Liter WC.).

Nr.	Bezeichnung	DU/ΣDU	DN gewählt	$\dot{V}_s$ zulässig
4				
5				
6				
7				
8				
9				
10				
11				
12				
13				
14				
15				
16				

Aufgabe 3

Bestimmen Sie nun die Dimensionen der beiden Fallleitungen.

Nr.	ΣDU	$\dot{V}_s$ rechnerisch	$\dot{V}_s$ anzusetzen	DN gewählt	Begründung für die Auswahl
17					
18					

Aufgabe 4

a) In welcher Dimension ist die Lüftungsleitung der Leitung 17 auszuführen?

b) Welche allgemeine Regel gilt für die Dimensionierung von Lüftungsleitungen?

Aufgabe 5

Nun müssen Sie noch die Dimensionen der Sammelleitungen bestimmen.

a) Bestimmen Sie zunächst den Schmutzwasserabfluss $\dot{V}_r$ der Leitungen. (Unabhängig vom errechneten Schmutzwasserabfluss ist mindestens der Anschlusswert des größten Einzelspenders anzusetzen.)

Nr.	ΣDU	$\dot{V}_s$ rechnerisch	$\dot{V}_s$ anzusetzen
19			
20			
21			
22			

b) Da die Leitungen den gleichen anzusetzenden Schmutzwasserabfluss haben, reicht es eine Leitung (hier Leitung 19) zu dimensionieren, um für alle Sammelleitungen die Dimensionen festzulegen.
   Dabei kann das Gefälle und die Dimensionen in bestimmten Bereichen variieren, um die Leitung den Verhältnissen des Hauses anzupassen. (Grundleitungen)

   Ergänzen Sie die folgende Tabelle.

Nr.	$\dot{V}_s$	Gefälle gewünscht cm/m	DN gewählt	$\dot{V}_s$ max. l/s	v m/s
19		0,5			
19		1,0			
19		2,0			
19		2,5			

Nr.	$\dot{V}_s$	Gefälle gewählt cm/m	DN gewünscht	$\dot{V}_s$ max. l/s	v m/s
19			100		
19			90		
19			80		

c) Welche DN bei welchem Gefälle wählen Sie für das Projekt? Beachten Sie, dass der Fließweg durch die Leitungen 19, 20 und 22 ungefähr 8 m beträgt.
   Begründen Sie Ihre Entscheidung.

_____

_____

_____

_____

_____

_____

_____

_____

Name	Klasse/Gruppe	Datum

Lernfeld 6

Aufgabe 6

Der Kunde wünscht, dass in den Keller noch ein Sanitärraum eingebaut wird und die Sanitärobjekte über eine Kleinhebeanlage entsorgt werden.
Hier sehen Sie das geänderte Strangschema.

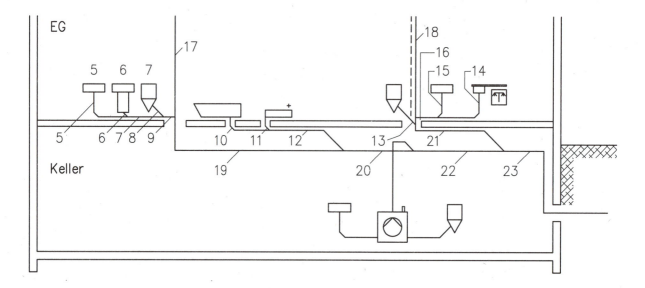

Nun müssen Sie eventuell Leitung 22 und 23 anders dimensionieren. Die Pumpe hat einen Förderstrom von 2,0 l/s.

a) Bestimmen Sie zunächst wieder den Schmutzwasserabfluss der Leitungen.

Nr.	ΣDU	$\dot{V}_s$ rechnerisch	$\dot{V}_p$	$\dot{V}_{tot}$
22				
23				

b) Welche Dimensionen sind zu wählen, wenn die Leitungen mit einem Gefälle von 1 cm/m verlegt werden sollen? Begründen Sie Ihre Entscheidung.

6.6 Kellerüberschwemmung

Bei einem Kunden ist der gesamte Keller überflutet worden. Er berichtet Ihnen, dass das Wasser aus der Dusche und aus der Toilette herausgesprudelt sei. Auch in einigen Nachbarhäusern ist das gleiche Problem aufgetreten.

Foto: Firma Kessel

Aufgabe 1

a) Warum sprudelte das Wasser aus Toilette und Dusche?

b) Welcher Installationsfehler liegt wahrscheinlich vor? (Rückstau)

Aufgabe 2

Erklären Sie dem Kunden zunächst den Begriff Rückstauebene. Erläutern Sie ihm anschließend, welche Regelungen im Zusammenhang mit der Rückstauebene bestehen.

Lernfeld 6

Aufgabe 3

Verdeutlichen Sie dem Kunden den Begriff Rückstauebene noch einmal zeichnerisch: Kennzeichnen Sie die Rückstauebene durch eine Strich-Punkt-Linie und versehen Sie sie mit den Buchstaben RStE.

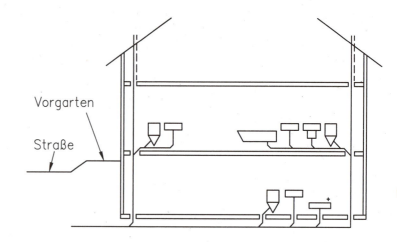

In dem Gebäude des Kunden gibt es bisher keinen Schutz gegen Rückstau. Es soll nun ein Schutz gegen Rückstau installiert werden.

Aufgabe 4

Welche zwei prinzipiell unterschiedlichen Arten des Schutzes gegen Rückstau gibt es?

Aufgabe 5

Könnte in dem Gebäude des Kunden der Sanitärraum im Keller mithilfe eines Rückstauverschlusses gesichert werden? (Im Erdgeschoss und im Dachgeschoss befinden sich Badezimmer und Toilettenräume.) Begründen Sie Ihre Aussage.

Aufgabe 6

Welche Art des Rückstauverschlusses muss hier eingebaut werden? Geben Sie die DIN-Nummer und die exakte Bezeichnung an. Begründen Sie Ihre Wahl. Beachten Sie die Zeichnung aus Aufgabe 3. (Rückstausicherungssysteme)

DIN-Nummer/Bezeichnung:

Begründung:

Aufgabe 7

a) Welche Ausstattung haben alle in Deutschland für Schmutzwasser zugelassenen Rückstauverschlüsse?

b) Welche zusätzliche Ausstattung hat der Verschluss, den Sie hier wählen müssen?

Aufgabe 8

Ihr Kunde schlägt vor, an der mit „X" gekennzeichneten Stelle den Rückstauverschluss einzubauen. Erklären Sie ihm, warum diese Lösung technisch nicht sinnvoll wäre.

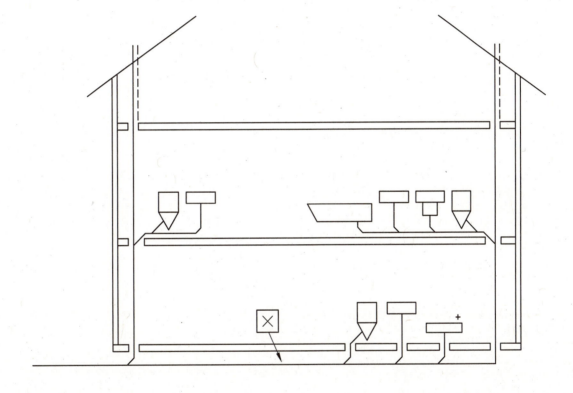

© Westermann Gruppe

Lernfeld 6

Aufgabe 9

Ändern Sie die Leitungsführung in der Zeichnung aus der vorangegangenen Aufgabe so, dass der Einbau eines Rückstauverschlusses an der Stelle „X" möglich wäre. Kennzeichnen Sie die Leistungsteile, die entfernt werden müssen, indem Sie diese durchkreuzen.

Aufgabe 10

Dem Kunden erscheint die Lösung gemäß Aufgabe 9 sehr aufwendig. Er fragt Sie, ob es nicht auch noch andere Lösungsmöglichkeiten gibt.

Informieren Sie sich in Herstellerkatalogen oder im Internet, ob von den Herstellern (z. B. Kessel) Lösungen angeboten werden und wählen Sie ein System aus.

Erklären Sie die Funktion des von Ihnen gewählten Systems.

6.7 Regenentwässerung

Für ein Einfamilienhaus in Hannover soll eine Regenentwässe-
rungsanlage geplant und gebaut werden. Das Gebäude soll ein
Satteldach bekommen.

Aufgabe 1

a) Wie heißt die Rinnenform, die auf dem Bild zu sehen ist, korrekt?

b) Der Kunde bittet Sie, ihm noch andere Vorschläge für die Rin-
nengestaltung zu machen.
Skizzieren Sie ihm die vorgehängte halbrunde Rinne, die vorgehängte Kastenrinne und die Halbrundrinne als Attikarinne. Beschreiben Sie zu jedem Rinnensystem Vor- und Nachteile, um
dem Kunden Entscheidungshilfen für die Auswahl eines Rin-
nensystems zu geben.

vorgehängte halbrunde Rinne	vorgehängte Kastenrinne	Halbrundrinne/Attikarinne

Lernfeld 6

Name   Klasse/Gruppe   Datum

Aufgabe 2

Der Kunde entscheidet sich nun doch für eine vorgehängte Halbrundrinne.

a) Mit welchem Gefälle werden Regenrinnen verlegt?

b) Warum wird ein derart geringes Gefälle gewählt?

c) Bei der Dimensionierung von Sammelleitungen bleibt die Länge der Leitung unberücksichtigt. Bei Rinnen hingegen verschlechtert sich das Abflussvermögen mit zunehmender Länge.
Links sehen Sie die Skizze einer Sammelleitung mit einem Füllungsgrad von 0,5. Ergänzen Sie in der rechten Skizze das Ablaufverhalten des Wassers in einer Rinne.

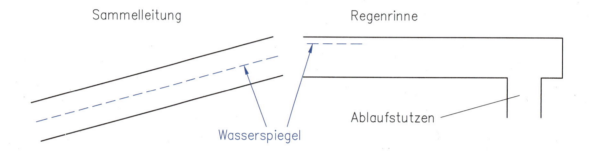

Aufgabe 3

Dimensionieren Sie nun Rinnen und Fallrohre. Beachten Sie, dass es sich um ein Satteldach handelt, was bedeutet, dass das Dach auf jeder Seite eine Rinne und ein Fallrohr hat. Die Grundfläche des Dachs beträgt 11 x 12 m, die Trauflänge 11 m. (Regenwasserabfluss)

a) Berechnen Sie $\dot{V}_r$.

gesucht: $\dot{V}_r$ je Rinne

gegeben:

Lösung:

b) Welches Nennmaß muss die halbrunde Rinne haben? Begründen Sie Ihre Entscheidung. (Abflussvermögen)

c) Welches Nennmaß muss die runde Fallleitung haben? Begründen Sie Ihre Entscheidung.

_____

_____

Aufgabe 4

Am Übergang einer Fallleitung auf eine liegende Leitung muss eine Reinigungsöffnung vorgesehen werden. Möglich wäre hier ein Standrohr mit Reinigungsöffnung. Der Kunde fragt Sie nach einer eleganteren Lösung.
Unten sehen Sie als Lösungsmöglichkeit ein Schiebestück der Fa. Rheinzink. Erklären Sie dem Kunden, wie diese Reinigungsöffnung benutzt werden kann.

Standrohranschluss

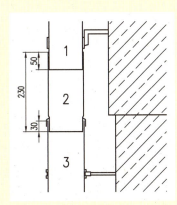

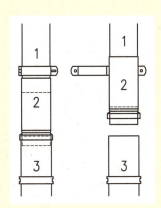

Optimale Revisionsöffnung
Der Schiebemechanismus und die lange Muffe ermöglichen die Reinigung des Grundleitungssystems ohne Demontage des untersten Regenfallrohrs. Ist der Fallrohrstrang mit einer klassischen Rohrschelle befestigt, muss zum Hochschieben des RHEINZINK-Reviso-Schiebestücks lediglich die untere Schelle gelöst werden.

_____

_____

_____

_____

_____

Aufgabe 5

Zusätzlich zum Dach muss noch die Zufahrt über eine Entwässerungsrinne entwässert werden. In der Zufahrt ist Betonsteinpflaster in Sand verlegt, die Fläche beträgt 120 m². Berechnen Sie $\dot{V}_r$.

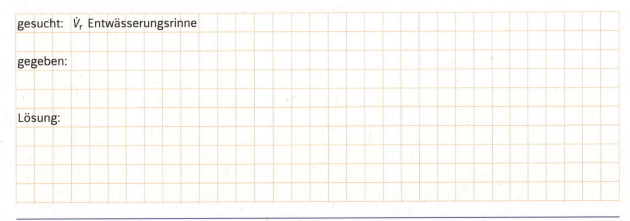

gesucht: $\dot{V}_r$ Entwässerungsrinne

gegeben:

Lösung:

Aufgabe 6

Nun müssen noch die Grundleitungen geplant werden. Wählen Sie zur Dimensionierung ein Gefälle von 1 cm/m. Die Leitung soll in KG-Rohr verlegt werden. Beachten Sie: Der Regenwasserabfluss der Dachflächen ist nun mit der 5,2 Regenspende anzusetzen. (An Leitung 4 ist die Entwässerungsrinne angeschlossen.)

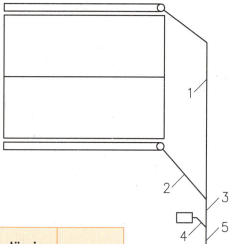

Nr.	$\dot{V}_r$ l/s	h/d_i	I cm/m	DN gewählt	$\dot{V}_r$ zulässig	v
1						
2						
3						
4						
5						

Aufgabe 7

Die Grundleitung muss nach der Verlegung auf Dichtheit geprüft werden. Listen Sie die Arbeitsschritte auf, die durchgeführt werden müssen. Geben Sie auch Zeiten und Drücke an, die einzuhalten sind.
Sie sollen eine Wasserprüfung durchführen.

6.8 Überschwemmung in einer Kfz-Werkstatt

Bei einem Kunden sollte der Fußboden einer Kfz-Werkstatt mit Wasser gereinigt werden. Während bisher das Wasser problemlos ablief, blieb der Fußboden diesmal überschwemmt. Sie werden als Facharbeiter zu Hilfe gerufen.

Aufgabe 1

Welche zwei prinzipiellen Ursachen können vorliegen? Bitte beachten Sie, dass auf der Fläche, die entwässert wird, Kraftfahrzeuge gewartet werden. (Abscheider für Leichtflüssigkeiten)

_____

_____

_____

_____

Aufgabe 2

Wie können Sie die Ursache relativ einfach eingrenzen?

_____

_____

_____

Aufgabe 3

Skizzieren Sie in die Grundriss- und Aufrisszeichnung mit Normsymbolen das Prinzip einer Werkstattentwässerung mit allen erforderlichen Einbauteilen.

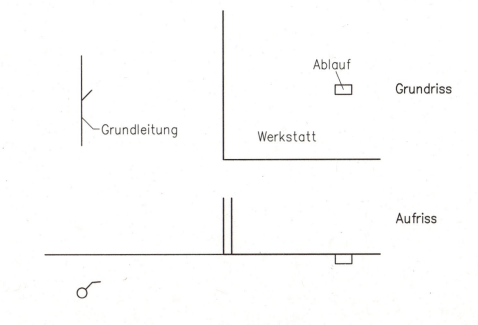

_____

© Westermann Gruppe

Lernfeld 6

Aufgabe 4

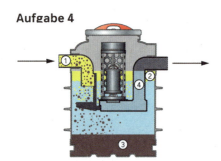

1 Abwasser enthält eine Mischung aus Leichtflüssigkeit und Sedimenten (Schmutz).
2 Leichtflüssigkeit hat eine geringere Dichte als Wasser. Unter korrekten Bedingungen sammelt sich Leichtflüssigkeit an der Wasseroberfläche
3 Sedimente haben eine höhere Dichte als Wasser und sammeln sich am Boden des Abscheiders.
4 Behandeltes Abwasser fließt über den Ablaufstutzen ab.

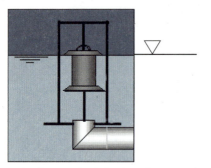

Schwimmer in Schwimmlage
Schwimmer schwimmt mit einem geringen Überstand auf der Nullwasserlinie ▽.

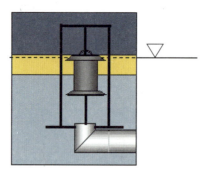

Schwimmer eingetaucht
Schicht an Leichtflüssigkeit setzt sich an der Wasseroberfläche ab (Anordnung bei Dichte 0,90: 10 % über und 90 % unter der Nullwasserlinie ▽).
Schwimmer ist ganz in der Leichtflüssigkeit eingetaucht.

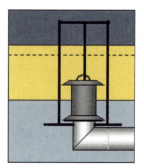

Schwimmerabschluss
Schicht an Leichtflüssigkeit nimmt zu (Anordnung bei Dichte 0,90: 10 % über und 90 % unter der Nullwasserlinie ▽). Schwimmer wandert linear mit der Leichtflüssigkeit nach unten und verschließt den Ablauf.
Leichtflüssigkeit gelangt nicht in den Ablauf.

Erklären Sie dem Kunden die Funktion des Abscheiders für Leichtflüssigkeiten (Benzinabscheiders). Warum könnte dieser für den Stopp des Wasserabflusses verantwortlich sein?

Aufgabe 5

Um in Zukunft derartige Überschwemmungen zu verhindern, schlägt der Kunde vor, die Absperrvorrichtung einfach auszubauen. Warum darf das nicht gemacht werden?

7.1 Energieumwandlung/Wärmetransport

Bei einer Heizungsanlage ist es dem Kunden hauptsächlich wichtig, dass seine Räume eine angenehme Temperatur haben.

Ihre Aufgabe besteht aus Kundensicht also darin, eine Anlage zu installieren, die den Raum angenehm temperiert. ohne die Ästhetik und das Wohlgefühl des Kunden zu stören.

Aufgabe 1

Bei dem Kunden ist ein Gaskessel installiert. Beschreiben Sie in einzelnen Schritten, wie die Energie des Erdgases umgewandelt und transportiert wird, bis sie schließlich auf der Körperoberfläche der Nutzer als angenehme Wärme empfunden wird, und wo sie danach verbleibt. (Wärmeübertragung, Heizkörper)

- Die chemisch gebundene Energie des Erdgases wird durch Verbrennung in Wärmeenergie umgewandelt.

- Die Wärmeenergie im Brennraum wird _____

_____

_____

- _____

- _____

- _____

_____

- _____

_____

- _____

_____

Aufgabe 2

Die Wärmeenergie wird mehrmals von einem ersten Stoff abgegeben, durch einen zweiten Stoff geleitet und wiederum an einen dritten Stoff abgegeben. (Wärmeleitung)

a) Untersuchen Sie, welches Material für einen Heizkörper am besten geeignet wäre, um die Wärme des Wassers durchzuleiten und an die Luft abzugeben.
Vergleichen Sie die Materialien Stahl und Kupfer. Nehmen Sie dabei die folgenden Werte an: Heizwassertemperatur 70 °C, Raumluft 20 °C, Materialdicke 2 mm, Fläche 1 m². Bestimmen Sie für beide Materialien den Wärmestrom in W.

_____

_____

© Westermann Gruppe

Lernfeld 7

gesucht: $\dot{Q}_{\lambda\,\text{Stahl}}$; $\dot{Q}_{\lambda\,\text{Kupfer}}$

gegeben:

Lösung:

Welcher Werkstoff wäre nach Ihrer Berechnung besser geeignet, um daraus Heizkörper herzustellen?

Überlegen Sie, warum dieser Werkstoff in der Praxis trotzdem kaum zur Herstellung von Heizkörpern benutzt wird.

b) Untersuchen Sie, welches Material z. B. für eine Außenwand am besten geeignet wäre, um die Durchleitung der Wärme zu verhindern.
Vergleichen Sie die Materialien Beton 2000 kg/m³ und Polyurethan-Hartschaum mit $\lambda = 0{,}021$ W/m · K. Nehmen Sie dabei die folgenden Werte an: Lufttemperatur außen 0 °C, Raumluft 20 °C, Materialdicke 10 cm, Fläche 1 m². Bestimmen Sie für beide Materialien den Wärmestrom in W. (Wärmeleitung)

gesucht: $\dot{Q}_{\lambda\,\text{Beton}}$; $\dot{Q}_{\lambda\,\text{Polystyrol}}$

gegeben:

Lösung:

Welcher Werkstoff wäre nach Ihrer Berechnung besser geeignet, um daraus eine Außenwand herzustellen?

Warum kann eine Außenwand nicht aus diesem Werkstoff hergestellt werden?

© Westermann Gruppe

7.2 Überprüfung der Heizlast

Ein Kunde hat in einem Raum, der bisher als Schlafzimmer genutzt wurde, ein Arbeitszimmer eingerichtet. Die Temperatur im Zimmer ist ihm immer zu tief, er friert leicht.

Aufgabe 1

Überlegen Sie, was die Ursachen dafür sein können, dass dem Kunden die Temperatur zu kühl erscheint. Überprüfen Sie dabei auch, für welche Normtemperatur der Raum wahrscheinlich ausgelegt war. (Innentemperaturen)

Normtemperatur Schlafzimmer: _____

Der Heizkörper liefert offensichtlich zu wenig Wärmeenergie, um das Zimmer ausreichend zu beheizen. Überlegen Sie sich Ursachen, warum der Heizkörper den Raum nicht ausreichend erwärmt.

_____

_____

_____

_____

Aufgabe 2

Ermitteln Sie die Heizlast des Raums.

Porenbeton-Planstein $\lambda = 0,11$ W/m · K, 10 mm Putzmörtel.

- Der Raum hat zwei Innenwände mit einer Gesamtfläche von 22 m². Die Innenwände sind wie folgt aufgebaut: 10 mm Putzmörtel, 120 mm Kalksandstein $\lambda = 0,56$ W/m · K, 10 mm Putzmörtel.

- In den Außenwänden befinden sich zwei Fenster mit je 2 m² Fläche mit einem U-Wert von 3,0 W/m² · K.

- In der Innenwand befindet sich eine Tür mit 1,6 m² Fläche und einem U-Wert von 2,0 W/m² · K.

- Decke und Fußboden haben je eine Fläche von 20 m². Die Decke hat einen U-Wert von 0,7 W/m² · K, der Fußboden hat einen U-Wert von 0,65 W/m² · K.

a) Bestimmen Sie den Wärmedurchgangswiderstand der Außenwand. (Wäremdurchgangskoeffizienz)

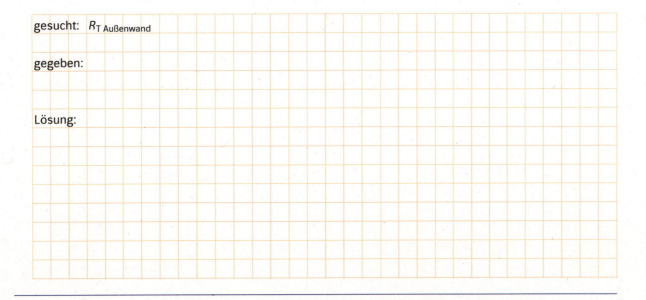

gesucht: $R_{\text{T Außenwand}}$

gegeben:

Lösung:

© Westermann Gruppe

Lernfeld 7

b) Bestimmen Sie den Wärmedurchgangswiderstand der Innenwand.

gesucht: $R_{T\ Innennwand}$

gegeben:

Lösung:

c) Berechnen Sie die Wärmedurchgangskoeffizienten der Wände.

	R_T in K · m²/W	U-Wert in W/m² · K
außen		
innen		

d) Bestimmen Sie den Temperaturreduktionsfaktor für unbeheizte Nebenräume.

Der Fußboden grenzt an einen unbeheizten Kellerraum mit Fenstern und Türen.

e) Berechnen Sie die Temperaturdifferenz zwischen der Normaußentemperatur (nehmen Sie eine Normaußen-temperatur von −14°C an) und der gewünschten Raumtemperatur (hier 22°C). (Außentemperatur)

Temperaturdifferenz:

Nun können Sie den <u>Transmissionswärmeverlust</u> des Raums bestimmen.
(Berücksichtigen Sie aus Vereinfachungsgründen die Orientierung der Bauteile nicht.)
Hilfe: Der Wärmeverlustkoeffizient wird berechnet, indem der korrigierte U-Wert mit der Nettofläche sowie mit dem Korrekturfaktor (sofern vorhanden) multipliziert wird. Der Transmissionswärmeverlust wird berechnet, indem der Wärmeverlustkoeffizent mit der Temperaturdifferenz (hier 36 K) multipliziert wird.

Bauteil	Anzahl	Bruttofläche	Abzugsfläche	Nettofläche	grenzt an	angrenzende Temperatur	Korrektur-faktoren	U-Wert	Korrekturwert Wärmebrücken	korrigierter U-Wert	Wärmeverlust-koeffizient	Transmissions-wärmeverlust
		m^2	m^2	m^2		°C		$W/m^2 \cdot K$	$W/m^2 \cdot K$	$W/m^2 \cdot K$	W/K	W
AW	1	23,0	4,0	19,0	e	–	–		0,05			
AF									–			
IW							0,11		–			
IT							0,11		–			
DE							0,11		–			
FB									0,05			
											Summe:	

f) Bestimmen Sie nun den <u>Lüftungswärmeverlust</u>.
   Der Raum hat ein Volumen von 50 m^3, als infiltrierten Luftvolumenstrom nehmen Sie 30 m^3/h an $_{inf}$.

gesucht: $\dot{V}_{min}$

gegeben: $V_R =$, $n_{min} =$

Lösung:

gesucht: H_v (Norm-Lüftungswärmeverlust-Koeffizient)

gegeben: V_{therm} (der größere Wert, entw. $\dot{V}_{min}$ oder $\dot{V}_{inf}$) = , $C_p =$

Lösung:

Lernfeld 7

gesucht: Φ_v (Lüftungswärmeverlust)

gegeben: $H_v =$, $\Delta\Theta =$

Lösung:

g) Wie groß ist die Norm-Heizlast? (Die Aufheizleistung soll hier ohne Berücksichtigung bleiben.)

gesucht: Φ_{HL}

gegeben: $\Phi_v =$; $\Phi_T =$

Lösung:

Aufgabe 3

Das Problem in dem Raum ist ja, dass er zu kühl ist.
Welche drei Bauteile haben den größten Transmissionswärmeverlust und wie hoch ist dieser? (Beginnen Sie mit dem Bauteil des größten Wärmeverlustes.)

Aufgabe 4

Welche baulichen Maßnahmen könnten Sie dem Kunden empfehlen, wenn er den Transmissionswärmeverlust seines Raums verringern will?

Aufgabe 5

Welche Folge für den Transmissionswärmeverlust hätte es, wenn der Kunde seine Fenster gegen neue Fenster mit einem U-Wert von 1,2 austauscht? Berechnen Sie dazu den Transmissionswärmeverlust der neuen Fenster.

gesucht: $\Delta\Phi_{TFenster}$

gegeben: $U_{neu} =$, $A =$, $\Delta\Theta =$, $\Phi_{TFenster\ alt} =$

Lösung:

Aufgabe 6

Welche Folge für den Transmissionswärmeverlust hätte es, wenn der Kunde seine Außenwände zusätzlich mit einer Schicht aus 10 cm dicken Polystyrolplatten ($\lambda = 0{,}043$ W/m · K) dämmt. Berechnen Sie den Transmissionswärmeverlust der nachgedämmten Außenwand.

gesucht: $R_\text{T Außenwand neu}$

gegeben: $R_\text{T Außenwand alt} =$, $\lambda_\text{Polysyrol} =$, $d_\text{Polystyrol} =$

Lösung:

gesucht: U-Wert Außenwand neu

gegeben: $R_\text{T Außenwand neu} =$

Lösung:

gesucht: $\Delta\Phi_\text{T Außenwand}$

gegeben: $U_\text{neu} =$, $A =$, $\Delta\Theta =$, $\Phi_\text{T Außenwand alt} =$

Lösung:

Aufgabe 7

Welche Maßnahme ergibt die größere Einsparung, das Austauschen der Fenster oder die Dämmung der Außenwand?

Aufgabe 8

Der Kunde fragt Sie, ob es nicht egal ist, ob die Wärmedämmung innen oder außen angebracht wird.

Erläutern Sie ihm, warum es in der Regel besser ist, eine Wärmedämmung außen am Gebäude anzubringen.

Beachten Sie dabei auch den Temperaturverlauf in der Wand der nebenstehend dargestellt ist.

(Informieren können Sie sich z. B. bei Wikipedia unter dem Stichwort Wärmedämmung.)

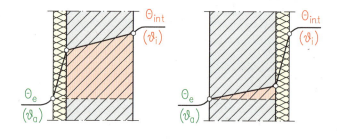

Aufgabe 9

Die Lüftungswärmeverluste betragen zwar nur 367 W, aber sehen Sie trotzdem eine Möglichkeit, diese zu reduzieren?

a) Wenn die neuen dichten Fenster eingebaut sind, reduziert sich der infiltrierte Luftvolumenstrom beachtlich. Ist das eine Lösung zur Energieeinsparung?

b) Gäbe es eine Möglichkeit, den Energieverlust beim Lüften zu begrenzen?

© Westermann Gruppe

7.3 Austausch eines Heizkörpers

Bei einem Kunden wird ein Raum nicht ausreichend warm.
Ihr Meister sieht gleich zwei Probleme:
– Der Heizkörper ist an einer Innenwand hinter einer Tür platziert.
– Der Heizkörper ist relativ klein.

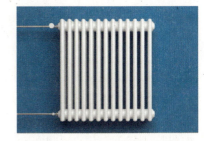

Aufgabe 1

Erklären Sie dem Kunden, warum der Heizkörper an der Stelle hinter der
Tür nicht optimal platziert ist. (Der Kunde weist darauf hin, dass die Tür
häufig geöffnet bleibt.)

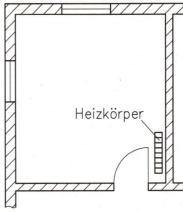

Heizkörper

Aufgabe 2

Ihr Meister hatte auch darauf hingewiesen, dass die Platzierung des Heizkörpers an einer Innenwand ungünstig
ist. Er sagt, dass ein Heizkörper besser unter/vor den Fenstern eingebaut werden sollte.
Ergänzen Sie in den unteren Zeichnungen die zu erwartende Luftbewegung im Raum und die Temperaturen, die
sich daraus in ausgewählten Bereichen ergeben.
Erklären Sie dem Kunden anschließend, warum Heizkörper vor oder unter den Fenstern installiert werden sollen.
(Heizkörperanordnung)

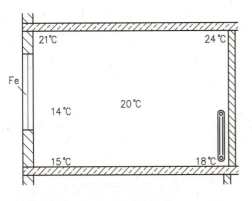

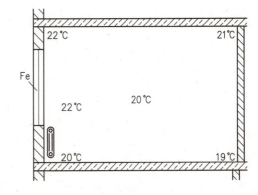

Begründung:

© Westermann Gruppe

Lernfeld 7

Aufgabe 3

Nun zu der Vermutung, dass der Heizkörper zu klein für die Beheizung des Raumes ist. Es ist ein „3-Säulen Stahlröhrenradiator" mit einer Höhe von 1066 mm und 12 Gliedern (Elementen) installiert.
Der Raum hat eine Norm-Heizlast von 1400 W

Modell 2-Säuler Modell 3-Säuler Modell 4-Säuler Modell 5-Säuler Modell 6-Säuler

Sie müssen nun die Wärmeleistung je Element ermitteln.
In der Auswahltabelle finden Sie die Angaben:
75/65/20 °C, 70/55/20 °C und 55/45/20 °C.

Erklären Sie diese Angaben am Beispiel 70/55/20 °C dem Kunden.

Technische Daten pro Element

Modell	H	N	L⁰	T	Wärmeleistung		
					75/65/20 °C Watt	70/55/20 °C Watt	55/45/20 °C Watt
	mm	mm	mm	mm			
3037	366	300	46	100	38,6	31,5	20,3
3042	416	350	46	100	43,5	35,5	22,9
3057	566	500	46	100	57,8	47,1	30,3
3067	666	600	46	100	66,9	54,5	35,1
3097	966	900	46	100	92,4	75,1	48,3
3107	1066	1000	46	100	100	81,3	52,2

Ermitteln Sie nun die Wärmeleistung des Heizkörpers. Die Heizung arbeitet mit einer Vorlauftemperatur von 70 °C

Wärmeleistung je Element:

Wärmeleistung des Heizkörpers (12 Elemente):

Bewertung der Wärmeleistung des Heizkörpers:

Aufgabe 4

Eine Möglichkeit wäre es den Heizkörper gegen einen einen Heizkörper mit 5 Säulen auszutauschen. Bewerten Sie diese Möglichkeit.

Wärmeleistung je Element:

Wärmeleistung des Heizkörpers (12 Elemente):

Bewertung: (Beachten Sie dabei auch ihre Lösung der Aufgabe 1)

Technische Daten pro Element

Modell	H	N	L⁰	T	Wärmeleistung		
					75/65/20 °C Watt	70/55/20 °C Watt	55/45/20 °C Watt
	mm	mm	mm	mm			
5037	366	300	46	173	62,5	50,9	32,8
5057	566	500	46	173	93,5	76,0	48,8
5067	666	600	46	173	108	87,7	56,1
5097	966	900	46	173	150	121	77,2
5107	1066	1000	46	173	162	131	83,3

Aufgabe 5

Der Kunde möchte nun doch, das die Heizkörper unter den Fenstern installiert werden. Der Raum hat zwei Fenster unter jedem Fenster soll ein Heizkörper installiert werden. Die beiden Heizkörper sollen vom gleichen Typ und der gleichen Größe sein. Er denkt an Stahlröhrenradiatoren.
Damit die Heizkörper optisch gut zu den Fenstern passen, sollen sie folgende Abmessungen haben: Breite ungefähr 80 cm und Höhe ungefähr 50 cm.

Bestimmen Sie zuerst die Anzahl der Elemente um das Breitenmaß von ca. 80 cm zu erreichen.
Laut Herstelleranleitung gilt: Gesamtbaulänge = Anzahl Elemente x 46 mm + 24 mm

gesucht:

gegeben: l_{max} = $l_{Element}$ =   Zugabe =

Lösung:

Sie können ja nur eine ganze Anzahl von Elementen wählen wie viele Elemente schlagen Sie vor?

n = _____

Welche Länge hätte dann der Heizkörper?

gesucht:

gegeben: n = $l_{Element}$ =   Zugabe =

Lösung:

Nun müssen Sie bestimmen wie viele Säulen die Elemente haben müssen.
Festgelegt wurde: Nabenabstand = 500 mm; Anzahl der Elemente = 12; Gesamtwärmemenge der beiden Heizkörper = 1400 W; Temperatur: 70/55/20 °C

Wärmemenge je Heizkörper: _____

Wärmemenge je Element: _____

Entscheiden Sie welche Säulenzahl sie wählen.
Begründen Sie ihre Entscheidung. Die Wärmeleistung der 3-Säuler und 5-Säuler finden sie bei Aufgabe 3 und 4. Hier sind noch zusätzlich die technischen Daten der 4-Säuler damit Sie eine sinnvolle Entscheidung treffen können ob ein 3-, 4- oder 5-Säuler einzubauen wäre.

Technische Daten pro Element

Modell	H	N	L⁰	T	Wärmeleistung		
					75/65/20 °C Watt	70/55/20 °C Watt	55/45/20 °C Watt
	mm	mm	mm	mm			
4037	366	300	46	136	50,6	41,2	26,5
4042	416	350	46	136	57,0	46,4	29,9
4057	566	500	46	136	75,7	51,5	39,5
4067	666	600	46	136	87,6	71,2	45,7
4097	966	900	46	136	121	98,2	63,9
4107	1066	1000	46	136	132	107	68,3

© Westermann Gruppe

Lernfeld 7

Aufgabe 6

Der Kunde überlegt ob nicht doch Plattenheizkörper installiert werden sollten.
Die Abmessungen für die Heizkörper von:
Breite ungefähr 80 cm und Höhe ungefähr 50 cm sollen aber beibehalten werden.
Auch die Gesamtwärmemenge der beiden Heizkörper von1400 W und die Temperaturen von 70/55/20 °C sollen beibehalten werden.

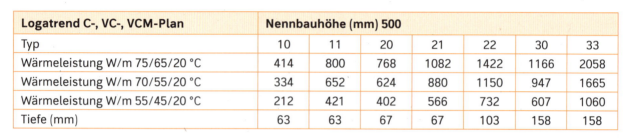

Bei der Auswahl müssen Sie einen Typ wählen.

In dem Katalogauszug werden die Typen 10, 11, 21, 22 und 33 genannt.

Erklären Sie die Typbezeichnungen an den Typen 10, 21 und 33.

Logatrend C-, VC-, VCM-Plan	Nennbauhöhe (mm) 500						
Typ	10	11	20	21	22	30	33
Wärmeleistung W/m 75/65/20 °C	414	800	768	1082	1422	1166	2058
Wärmeleistung W/m 70/55/20 °C	334	652	624	880	1150	947	1665
Wärmeleistung W/m 55/45/20 °C	212	421	402	566	732	607	1060
Tiefe (mm)	63	63	67	67	103	158	158

Typ 10: _____

Typ 21: _____

Typ 33: _____

Wählen Sie nun die Heizkörper aus:

Wärmeleistung je Heizkörper: _____

Erforderliche Wärmeleistung in W/m: _____

Auswahlvorschlag: Typ: _____

Nennwärmeleistung in W/m: _____

Wärmeleistung des ausgewählten Heizkörpers: _____

Aufgabe 7

Die Fenster bei dem Kunden reichen bis auf den Fußboden hinunter. Daher schlagen Sie ihm vor, einen Heizkörper mit einer möglichst geringen Bauhöhe zu installieren.
Die geringste Bauhöhe beträgt 30 cm, die Länge von 80 cm soll beibehalten werden.

Die erforderliche Wärmeleistung in W/m entspricht weiterhin der, die Sie schon zur Lösung der Aufgabe 7 berechnet haben.

Logatrend C-, VC-, VCM-Plan	Nennbauhöhe (mm) 300						
Typ	10	11	20	21	22	30	33
Wärmeleistung W/m 75/65/20 °C	280	538	514	724	956	778	1414
Wärmeleistung W/m 70/55/20 °C	225	439	416	588	775	633	1144
Wärmeleistung W/m 55/45/20 °C	142	285	267	379	495	409	731
Tiefe (mm)	63	63	67	67	103	158	158

Auswahlvorschlag: Typ: _____

Nennwärmeleistung in W/m: _____

Wärmeleistung des ausgewählten Heizkörpers: _____

7.4 Beratung zu Flächenheizungen

Ein Kunde will ein Einfamilienhaus errichten. Seine bisherige Wohnung ist mit Heizkörpern ausgestattet. Er hat gehört, dass Einfamilienhäuser heute eher mit Fußbodenheizungen beheizt werden.
Er sucht nach Informationen zum Thema „Beheizung ohne Heizkörper".

Aufgabe 1

Eine Fußbodenheizung wird der Gruppe <u>Flächenheizung</u> zugeordnet. Nennen Sie dem Kunden zwei weitere Arten einer Flächenheizung.

1. _____

2. _____

Aufgabe 2

Beim Neubau von Einfamilienhäusern wird in der Regel die Fußbodenheizung genutzt.
Nennen Sie dem Kunden je vier Vor- und Nachteile der Beheizung mittels Fußbodenheizung gegenüber der Beheizung mit Heizkörpern.

Vorteile:

_____

_____

_____

_____

Nachteile:

_____

_____

_____

_____

Aufgabe 3

Erklären Sie den Aufbau einer Fußbodenheizung beim Nassverlegesystem; beginnen Sie bei der Betondecke.

_____

_____

_____

_____

_____

© Westermann Gruppe

Lernfeld 7

| Name | Klasse/Gruppe | Datum |

Machen Sie deutlich, wie die Wärmeenergie des Heizungswassers auf die Körperoberfläche der Bewohner gelangt.

Aufgabe 4

Während bei einer Beheizung mit Heizkörpern auch mit hohen Vorlauftemperaturen gearbeitet werden kann, dürfen bei Fußbodenheizungen bestimmte Temperaturen nicht überschritten werden.
Welche maximalen Temperaturen der Fußbodenoberflächen sollten in den folgenden Bereichen jeweils nicht überschritten werden?

Aufenthaltsräume	Bäder	Randzonen

Aufgabe 5

Bei dem Kunden sollen einige Räume mit einer Fußbodenheizung und einige Räume mit Heizkörpern beheizt werden. Der Wärmeerzeuger liefert daher eine maximale Vorlauftemperatur von 55 °C.
In dem Heizkreis der Fußbodenheizung darf aber kein Heizungswasser mit dieser Temperatur zirkulieren, sondern nur Wasser mit einer Temperatur von 29 °C.

Welche Armatur sorgt dafür, dass das Wasser im Fußbodenheizkreis die richtige Temperatur hat?

Kreisen Sie die Armatur in der Schemazeichnung ein, und benennen Sie sie korrekt.

Benennung:

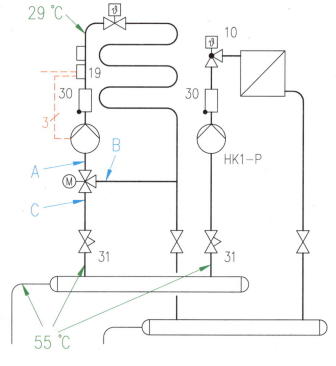

Erklären Sie, wie die Volumenströme fließen, damit das Wasser mit 29 °C in den Fußbodenheizkreis strömt. Zu Ihrer Hilfe sind die Anschlüsse des Mischers mit den Buchstaben A, B und C benannt und der Beginn der Erklärung ist vorgegeben.

Aus dem Anschluss A strömt der zur Beheizung erforderliche Volumenstrom mit einer Temperatur von 29 °C.

© Westermann Gruppe

7.5 Ein Heizkörper wird nicht warm

Sie erhalten den Auftrag, bei einem Kunden eine Heizungsanlage zu überprüfen. Es besteht das Problem, dass ein Heizkörper in der Regel nicht warm wird, obwohl alle anderen Heizkörper ausreichend Wärme liefern.

Aufgabe 1

Bei der Überprüfung stellen Sie Folgendes fest:
Alle Heizkörper in dem Gebäude sind warm, nur der besagte Heizkörper ist fast kalt.
Überlegen Sie sich Schritte, mit denen Sie die mögliche Fehlerursache einkreisen können.

Aufgabe 2

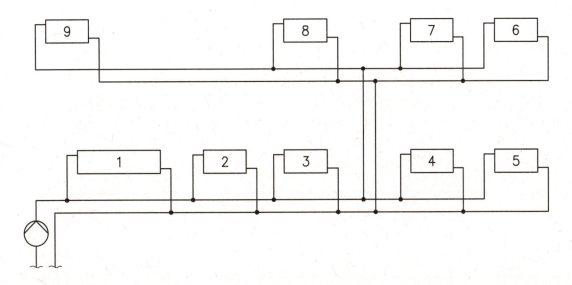

Bei Ihren Untersuchungen haben Sie herausgefunden, dass der Heizkörper nur dann keine Wärme liefert, wenn die anderen Heizkörper in Betrieb sind. Oben sehen Sie das Strangschema der Heizungsanlage. Der Heizkörper, um den es geht, ist der mit der Nummer 9. Die Rohrleitungen zum Heizkörper 9 sind relativ lang und werden mehrfach umgelenkt.
Erklären Sie dem Kunden, warum Probleme mit der Hydraulik dazu führen, dass der Heizkörper 9 nicht ausreichend mit warmem Wasser versorgt wird. (hydraulischer Abgleich)

Lernfeld 7

Name   Klasse/Gruppe   Datum

Aufgabe 3

Die Umwälzpumpe der Heizungsanlage kann in drei Stufen verstellt werden. Bisher ist sie auf Stufe zwei eingestellt. Wäre es hier eine Lösung, einfach eine höhere Stufe einzustellen oder eventuell eine Pumpe mit höherer Leistung einzubauen?

Aufgabe 4

Bei der Untersuchung der Heizungsanlage haben Sie festgestellt, dass alle Heizkörper mit voreinstellbaren Heizkörperventilen ausgerüstet sind. Es sind Heimeier Ventile und sie sind auf den Wert 6 eingestellt. Machen Sie dem Kunden einen Vorschlag, wie Sie das Problem mit dem kalten Heizkörper 9 lösen können. Machen Sie auch deutlich, warum diese Maßnahme prinzipiell bei einer Heizung sinnvoll ist.

Vorschlag:

Begründung:

Name Klasse/Gruppe Datum

Aufgabe 5

Ermitteln Sie nun die korrekte Voreinstellung für die Heizkörper 1 und 4.
Die Anlage ist für 70/55/20 ausgelegt.

a) Heizkörper 1 ist ein Plattenheizkörper in Planausführung Typ 22 mit einer Wärmeleistung von 2244 W.

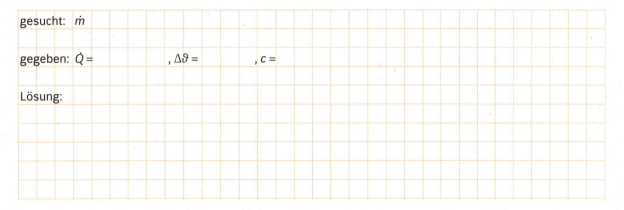

gesucht: $\dot{m}$

gegeben: $\dot{Q} =$ _____ , $\Delta\vartheta =$ _____ , $c =$ _____

Lösung:

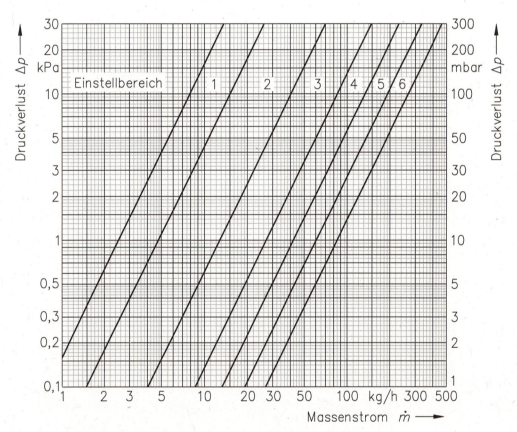

Wählen Sie die Voreinstellung bei einem Druckverlust von 70 mbar aus.

_____

Welcher Massenstrom fließt bei der Einstellung N und einem Druckverlust von 70 mbar ungefähr durch den Heizkörper?

_____

_____

Lernfeld 7

b) Heizkörper 4 ist ein Plattenheizkörper in Planausführung Typ 11 der Firma Buderus mit einer Heizleistung von 379 W.

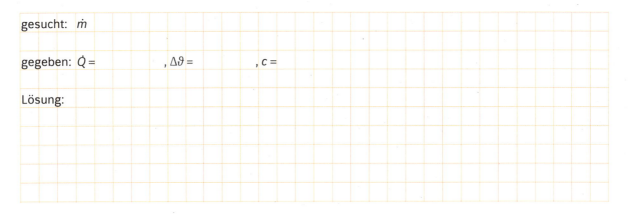

gesucht: $\dot{m}$

gegeben: $\dot{Q} =$, $\Delta\vartheta =$, $c =$

Lösung:

Wählen Sie die Voreinstellung bei einem Druckverlust von 70 mbar aus.

Aufgabe 6

a) Berechnen Sie, mit welcher Temperatur das Heizungswasser aus diesem Heizkörper wieder herausströmt, wenn das Ventil auf der Stellung N eingestellt war. (Alle übrigen Bedingungen sollen für diese Berechnung gleich bleiben.)

gesucht: $\vartheta_{\text{Rücklauf}}$

gegeben:

Lösung:

b) Formulieren Sie, was Ihr Rechenergebnis für die Praxis bedeutet.

© Westermann Gruppe

7.6 Störung durch Luft in der Heizung

> Bei einem Kunden gib es immer wieder Probleme, weil zu viel Luft in der Heizungsanlage ist.
> Ihr Geselle sagt, dass eventuell das Ausdehnungsgefäß falsch installiert, auf den falschen Druck eingestellt oder defekt sei.

Aufgabe 1

Warum kann es, wenn ein Fehler am Ausdehnungsgefäß vorliegt, zu Lufteintrag in das Heizungssystem kommen? (<u>Membran-Ausdehnungsgefäß</u>)

Aufgabe 2

Stellen Sie einen Arbeitsplan auf, mit dem Sie überprüfen, ob das Ausdehnungsgefäß defekt ist. (Häufig wird versucht, durch Klopfen am Ausdehnungsgefäß festzustellen, ob Bereiche mit Gas oder mit Wasser gefüllt sind. Dieser Test ist aber nicht besonders aussagekräftig!)

a) Das Ausdehnungsgefäß ist mit einem Kappenventil mit Entleerung angeschlossen.

b) Das Ausdehnungsgefäß ist direkt an den Rücklauf angeschlossen, es besteht keine Absperrmöglichkeit.

Lernfeld 7

Name   Klasse/Gruppe   Datum

Aufgabe 3

Sie haben festgestellt, dass das vorhandene Ausdehnungsgefäß defekt ist und müssen ein neues installieren. Das alte Ausdehnungsgefäß hatte kein Kappenventil mit Entleerung.

a) Warum ist es sinnvoll, ein Ausdehnungsgefäß mit einem Kappenventil anzuschließen?

b) Warum müssen Sie ein Kappenventil vorsehen und können nicht einfach einen Absperrhahn oder ein Absperrventil einbauen.

Aufgabe 4

Bestimmen Sie nun die Größe des Ausdehnungsgefäßes.
Dazu müssen Sie zuerst ermitteln, mit welchem Druck Sie die Anlage fahren müssen. Die Heizungsanlage ist in einem Einfamilienhaus eingebaut, das Heizgerät steht im Keller, die Raumhöhe nehmen Sie mit 2,80 m an. Es gilt: Oberkante Heizkörper ca. 1 m über Fußboden; Ausdehnungsgefäß ca. 1 m über Kellerfußboden.

a) Bestimmen Sie überschlägig die statische Höhe.

b) Wählen Sie aus der Tabelle den Fülldruck, den Druck des Sicherheitsventils und den Vordruck des Membranausdehnungsgefäßes (MAG) aus.

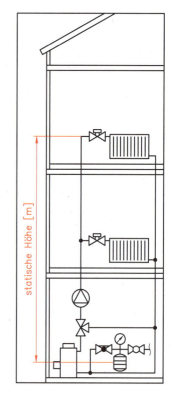

Komponenten-Drücke		Anlagen-Drücke		
statische Höhe	Vordruck-MAG	Sicherheitsventil	Fülldruck min.	Enddruck max.
0 bis 10 m	1,0 bar	2,5 bar	1,5 bar	2,0 bar
		3,0 bar	1,5 bar	2,5 bar
10 bis 15 m	1,5 bar	3,0 bar	2,0 bar	2,5 bar

Fülldruck: _____

Druck des Sicherheitsventils: _____

Vordruck des Membranausdehnungsgefäßes: _____

© Westermann Gruppe

Aufgabe 5

Wählen Sie nun aus der folgenden Tabelle ein Ausdehnungsgefäß aus. In dem Gebäude sind Plattenheizkörper installiert. Die Wärmeleistung beträgt 14 kW, statische Höhe größer 5m kleiner 10m.

Leistung [kW] (bis einschl.)	• Statische Höhe: <= 5 Meter • Anlagendruck bei 10°C / 1,0 bar • Einstellbarer Vordruck: 0,7 bar			• Statische Höhe: <= 10 Meter • Anlagendruck bei 10°C / 1,5 bar • Einstellbarer Vordruck: 1,2 bar			• Statische Höhe: <= 15 Meter • Anlagendruck bei 10°C / 2,0 bar • Einstellbarer Vordruck: 1,7 bar		
	Platten-heizkörper	Radiatoren-Heizkörper	Fußboden-heizung VL 60°C	Platten-heizkörper	Radiatoren-Heizkörper	Fußboden-heizung VL 60°C	Platten-heizkörper	Radiatoren-Heizkörper	Fußboden-heizung VL 60°C
10	MAG 18 L	MAG 18 L	MAG 18 L	MAG 18 L	MAG 25 L	MAG 25L	MAG 35 L	MAG 50 L	MAG 35 L
20	MAG 25 L	MAG 25 L	MAG 25 L	MAG 35 L	MAG 35 L	MAG 35L	MAG 50 L	MAG 80 L	MAG 50 L
30	MAG 25 L	MAG 35 L	MAG 35 L	MAG 50 L	MAG 50 L	MAG 50L	MAG 80 L	MAG 80 L	MAG 80 L
50	MAG 50 L	MAG 50 L	MAG 50 L	MAG 80 L	MAG 80 L	MAG 80L	MAG 100 L	MAG 150 L	MAG 150 L
70	MAG 80 L	MAG 80 L	MAG 80 L	MAG 80 L	MAG 150 L	MAG 100L	MAG 150 L	MAG 200 L	MAG 200 L
100	MAG 80 L	MAG 100 L	MAG 100 L	MAG 150 L	MAG 150 L	MAG 150L	MAG 200 L	MAG 250 L	MAG 250 L
150	MAG 150 L	MAG 150 L	MAG 150 L	MAG 200 L	MAG 250 L	MAG 200L	MAG 300 L	MAG 400 L	MAG 400 L
200	MAG 150 L	MAG 200 L	MAG 200 L	MAG 250 L	MAG 300 L	MAG 300L	MAG 400 L	MAG 500 L	MAG 500 L
250	MAG 200 L	MAG 250 L	MAG 250 L	MAG 300 L	MAG 400 L	MAG 400L	MAG 500 L	MAG 800 L	MAG 600 L
300	MAG 250 L	MAG 300 L	MAG 300 L	MAG 300 L	MAG 400 L	MAG 400L	MAG 500 L	MAG 800 L	MAG 600 L
350	MAG 300 L	MAG 400 L	MAG 400 L	MAG 400 L	MAG 500 L	MAG 500L	MAG 600 L	MAG 800 L	MAG 800 L
400	MAG 300 L	MAG 500 L	MAG 400 L	MAG 400 L	MAG 600 L	MAG 500L	MAG 800 L	MAG 1000 L	MAG 800 L
450	MAG 400 L	MAG 500 L	MAG 500 L	MAG 500 L	MAG 600 L	MAG 600L	MAG 1000 L	MAG 1000 L	MAG 1000 L
500	MAG 400 L	MAG 600 L	MAG 500 L	MAG 500 L	MAG 800 L	MAG 800L	MAG 1000 L	MAG 1000 L	MAG 1000 L

12　　Broschüre Druckhaltesysteme •　　　　　　　　　　　　　　　Technische Änderungen

Quelle: Flamco Flexcon-Katalog

gewählt: _____

Aufgabe 6

Überprüfen Sie rechnerisch den Auslegungsvorschlag der vorangegangenen Tabelle.
Berechnen Sie, um wie viel Liter sich das Heizungswasser ausdehnt, wenn die Anlage von 10 °C auf 70 °C erwärmt wird. Das Ausgangsvolumen nehmen Sie überschlägig mit 8,7 l/kW bei 14 kW Wärmeleistung an. (Volumenaus-dehnung des Wassers)

gesucht: ΔV

gegeben:

Lösung:

Lernfeld 7

Name　　　　　　　　　　　　　Klasse/Gruppe　　　　　　　　　　　　　Datum

Aufgabe 7

Unten ist die jeweilige Lage der Membran bei verschiedenen Betriebszuständen der Heizungsanlage dargestellt. Erklären Sie dem Kunden den Zusammenhang zwischen Gas- und Wasserfüllung bei den jeweiligen Zuständen.

Heizungsanlage drucklos	Heizungsanlage gefüllt	Heizungsanlage aufgeheizt

Aufgabe 8

Warum ist es wichtig, dass der Fülldruck des Ausdehnungsgefäßes geringer als der Heizungsanlagendruck ist?

Aufgabe 9

Berechnen Sie, wie groß sich die Wasservorlage einstellt. (35 l Ausdehnungsgefäß, Vordruck des MAG 1 bar; Anlagendruck 1,5 bar Überdruck; T = konst.)

a) gesucht: $V_{\text{Gas 1,5 bar}}$

   gegeben:

   Lösung:

7.7 Austausch einer Pumpe

Sie werden zu einer Reparatur gerufen. Die Heizung wird nicht warm. Ihr Geselle schraubt von einer Pumpe die Verschlussschraube heraus, um zu prüfen, ob die Pumpe dreht. Da sie nicht dreht, hilft er mit einem Schraubendreher nach und die Pumpe läuft wieder. Danach schaltet er die Pumpe elektrisch aus und wieder ein. Nun läuft sie wiederum nicht an.
Die Pumpe muss also ausgetauscht werden.

Aufgabe 1

Der Kunde wundert sich, dass Wasser vorn aus der Pumpe ausgetreten ist. Er fragt, ob das der Grund sei, dass die Pumpe defekt ist und ob es nicht gefährlich wäre, wenn aus einem elektrischen Bauteil Wasser austritt. Erklären Sie dem Kunden, warum es normal ist, dass Wasser an dieser Stelle austritt und warum es keine Gefahr hinsichtlich der Elektrizität gibt. (Nassläuferpumpe)

Aufgabe 2

Nassläuferpumpen müssen in einer ganz bestimmten Einbaulage eingebaut werden. Die rechts dargestellte Variante mit der Pumpe nach oben wäre nicht erlaubt.
Warum müssen Nassläuferpumpen mit waagerecht liegender Pumpenwelle eingebaut werden?

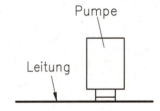

Aufgabe 3

Die installierte Pumpe ist eine Pumpe vom Typ Wilo Star RS 25/6. Sie ist auf Stufe eins (eco) eingestellt und der Kunde bestätigt, dass sie nie anders betrieben wurde. Bei dieser Einstellung förderte sie einen Volumenstrom von 1,3 m³/h bei einer Druckhöhe von 0,9 mWS.
Die Pumpe soll gegen eine Hocheffizienzpumpe Yonos PICO plus 25/1-4 ausgetauscht werden.
Welcher Vorteil ergibt sich für den Kunden durch die Hocheffizienzpumpe?

Lernfeld 7

Name | Klasse/Gruppe | Datum

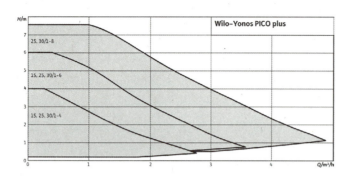

Ermitteln Sie, ob die Yonos PICO plus 25/1-4, die für den Anlagenbetrieb erforderlichen Werte von: Volumenstrom maximal: 1,3 m^3/h und Druckhöhe maximal: 0,9 mWs erreichen kann. Ermitteln Sie dazu die Werte aus dem Diagramm.

Maximaler Volumenstrom bei einer Druckhöhe von 0,9 mWs:

Maximale Druckhöhe bei einem Volumentstrom von 1,3 m^3/h:

Kann die Pumpe eingebaut werden?

Heizungsanlagen werden häufig mit Leitungswasser aufgefüllt, ohne dass sich der Installateur Gedanken über die Qualität des Trinkwassers macht.
Entsprechend der VDI-Richtlinie 2035 muss aber das Heizungsfüllwasser ganz bestimmte Bedingungen erfüllen. Hier ein Auszug aus der VDI 2035:

Gesamtheizleistung	Gesamthärte	
Anlagenvolumen/kleinste Heizleistung	< 20 l/kW	20–50 l/kW
≤ 50 kW	≤ 16,8 °dH	≤ 11,2 °dH
50 – 200 kW	≤ 11,2 °dH	≤ 8,4 °dH
200 – 600 kW	≤ 8,4 °dH	≤ 0,11 °dH

Zusätzlich empfiehlt die VDI-Richtlinie 2035, als Korrosionsschutz das Heizwasser auf pH-Werte zwischen 8,2 und 9,5 einzustellen. (Bei Aluminiumwerkstoffen jedoch nicht oberhalb pH 8,5.)
Achtung: Zusätzlich verlangen manche Heizgerätehersteller bestimmte Wasserqualitäten.

Aufgabe 4

Zum Austausch der Pumpe haben Sie das Heizungswasser abgelassen. Nun müssen Sie die Heizung wieder befüllen. Die Anlage hat Plattenheizkörper (ca. 9 l/kW), die Kesselleistung beträgt 21 kW.
a) Wie groß darf die Gesamthärte des Füllwassers sein?

b) Was unternehmen Sie, um die Bedingungen der VDI 2035 zu erfüllen? (Informationen finden Sie auch im Internet, zum Beispiel bei Herstellern von Wasserbehandlungsgeräten wie Judo, refelex usw.)

7.8 Elektrische Anschlussarbeiten

Nachdem der mechanische Austausch der Pumpe erfolgreich verlaufen ist, befassen Sie sich nun mit dem elektrischen Teil.

Die Elektroanschlussarbeiten der Pumpen dürfen vom Anlagenmechaniker SHK durchgeführt werden, da er mit dem erfolgreichen Abschluss seiner Gesellenprüfung die Befähigung nach DGUV 3 zur Elektrofachkraft SHK erlangt hat. Bedingung ist hierbei aber, dass sein Betrieb ihn als Elektrofachkraft SHK bestellt hat.

Damit Sie in Ihrer Ausbildung die entsprechenden Erfahrungen auch für den Elektrobereich erwerben können, sollen Sie gemeinsam mit Ihrem Gesellen die elektrischen Anschlussarbeiten übernehmen. Vor dem Beginn der Arbeiten weist Ihr Geselle Sie zuerst in die Grundlagen und in die wesentlichen Sicherheitsvorschriften ein, die im Umgang mit Arbeiten an elektrischen Versorgungssystemen zwingend beachtet werden müssen.

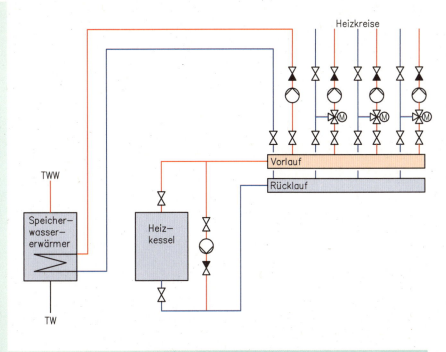

Aufgabe 1

Zum sicheren Arbeiten an elektrischen Anlagen ist es unerlässlich, dass Sie ein geeignetes Messgerät besitzen und dieses auch fachgerecht anwenden können. In der Regel werden <u>Mehrfachmessgeräte</u> eingesetzt. Als SHK-Anlagenmechaniker müssen Sie in der Lage sein, die wichtigsten elektrischen Größen im elektrischen Teil der Anlage zu messen und die Messergebnisse zu bewerten.

Benennen Sie die drei wichtigen <u>elektrischen Größen</u>, die Sie im Elektrobereich versorgungstechnischer Anlagen zu messen haben. Geben Sie hierfür das Formelzeichen und die zu messende Einheit an.

Lernfeld 7

Aufgabe 2

Bevor Sie mit einer Tätigkeit an Elektroanlagen beginnen, ist für Sie nach DIN VDE 0105 das strikte Einhalten der allgemeinen Sicherheitsregeln zwingend. Nennen Sie in der richtigen Reihenfolge die allgemeinen Sicherheitsregeln für Arbeiten an elektrischen Anlagen und erläutern Sie für jede Regel kurz, was hierbei zu tun ist.

Aufgabe 3

Ihr Lehrlingskollege aus dem ersten Lehrjahr ist der Meinung, wenn vorsichtig vorgegangen würde, könne er auch unter Spannung arbeiten.
Was müssen Sie ihm antworten?

_____

_____

_____

_____

Aufgabe 4

Nun spricht Ihr Geselle mit Ihnen die Bedingungen durch, die für die elektrischen Anschlussarbeiten der Heizungs-pumpen notwendig sind. Hierzu betrachten Sie gemeinsam das Leistungsschild einer größeren Umwälzpumpe:

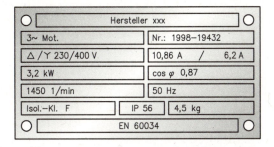

Hersteller xxx	
3~ Mot.	Nr.: 1998–19432
△ / Y 230/400 V	10,86 A / 6,2 A
3,2 kW	cos φ 0,87
1450 1/min	50 Hz
Isol.–Kl. F IP 56	4,5 kg
EN 60034	

a) Handelt es sich bei diesem Pumpenmotor um einen <u>Wechselstrommotor</u> oder um einen <u>Drehstrommotor</u>?

_____

b) Welche Angaben weisen darauf hin?

_____

_____

_____

_____

c) Ihr Geselle fordert Sie auf, ihm zu erklären, ob dieser Motor für den Einsatz in einer Heizungszentrale geeignet ist. Da es hier nicht immer trocken zugeht, muss damit gerechnet werden, dass der Elektromotor unter Umstän-den von einem Wasserstrahl getroffen wird. (<u>Schutzarten</u>)
Welche Bezeichnung gibt über die Einsatzbedingungen Auskunft und wo ist diese zu finden?

_____

_____

_____

_____

_____

_____

_____

_____

Lernfeld 7

Name   Klasse/Gruppe   Datum

Aufgabe 5

Dem Heizungsschaltschrank steht ein Drehstromnetz 230/400 V zur Verfügung. Um die späteren Anschluss-arbeiten den DIN VDE-Vorschriften entsprechend vornehmen zu können, bedarf es der Kenntnis der Leiterkenn-zeichnungen.

a) Vervollständigen Sie die folgende Tabelle und das Schaltschema, indem Sie die korrekten Bezeichnungen und die Symbole für das Drehstromnetz eintragen.

Drehstromnetz (Dreiphasen-Wechselstromkreis)

Benennung der Leiter	Kennzeichnung der Leiter	
	Buchstabe	Symbol
Außenleiter 1	L1	———
Außenleiter 2		
Außenleiter 3		
Neutralleiter		
Schutzleiter		
Neutralleiter mit Schutzfunktion		

Schaltschema

L1 _____

_____

_____

b) Wie sehen die Angaben für ein Wechselstromnetz aus? Ergänzen Sie die folgende Tabelle mit den Angaben für das Einphasen-Wechselstromnetz und erstellen Sie das zugehörige Schaltschema.

Einphasen-Wechselstromnetz (Wechselstromkreis)

Benennung der Leiter	Kennzeichnung der Leiter	
	Buchstabe	Symbol
Außenleiter		
Neutralleiter		
Schutzleiter		

Schaltschema

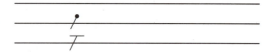

Aufgabe 6

Innerhalb des Stromnetzes können unterschiedliche Spannungen abgegriffen werden. Tragen Sie für jedes Messgerät die jeweils gemessene Spannung ein. (Leitungsnetz)

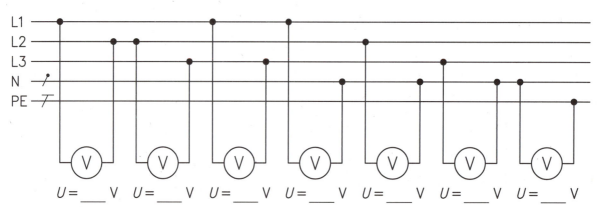

© Westermann Gruppe

Aufgabe 7

Schließen Sie nun an das vorhandene Drehstromnetz fachgerecht einen Drehstrommotor (3 ~ 400 V) und einen Wechselstrommotor (~ 230 V) mit den zugehörigen Sicherungs- und Schaltersymbolen an. Bezeichnen Sie auch die einzelnen Leiter normgerecht.

50 Hz 230/400 V

L1 ————————————————————————————————

L2 ————————————————————————————————

L3 ————————————————————————————————

N ————————————————————————————————

PE ————————————————————————————————

3~400 V

1~230 V

Aufgabe 8

Nun wird die Zuleitung ausgelegt. Welche Kriterien müssen bei der Bestimmung des Leiterquerschnitts für die Zuleitung nach DIN VDE berücksichtigt werden?

Aufgabe 9

Bei der Verlegung des Schutzleiters müssen besondere Regeln beachtet werden. Nennen Sie die Regeln, die Sie beim Verlegen und Anschließen des Schutzleiters nach DIN VDE zu beachten haben.

Lernfeld 7

Aufgabe 10

Bei der Bestimmung des Leiterquerschnitts muss beachtet werden, dass der Spannungsfall der Zuleitung den hier vorgegebenen Grenzwert von 3 % nicht überschreitet. Überprüfen Sie die Einhaltung dieser Bedingungen bei der Zuleitungslänge von 48 m. Der Leitungstyp ist NYM 5 X 1,5 mm². Als spezifischen Widerstand für Cu nehmen Sie hier $\rho = 0{,}0178\ \Omega \cdot mm^2/m$ an. Weitere Daten entnehmen Sie dem Leistungsschild aus Aufgabe 4.

gesucht: ΔU [V]

gegeben:

Lösung:

Aufgabe 11

Angenommen, der Spannungsfall würde über dem vorgegebenen Wert von 3 % liegen.
Was ist in diesem Fall zu unternehmen?

Aufgabe 12

Dem Motor wird an der Welle eine mechanische Pumpenleistung von 3,2 kW abverlangt. Die zugeführte Leistung ist jedoch immer höher.
Wie berechnet sich der elektrische Wirkungsgrad eines Motors allgemein?

Berechnen Sie nun den elektrischen Wirkungsgrad für den angegebenen Pumpenmotor. Geben Sie den Wert in Prozent an.

gesucht: η [%]

gegeben:

Lösung:

Aufgabe 13

a) Wäre die Stromstärke gleich hoch, wenn anstatt der Drehstrompumpe eine Wechselstrompumpe mit gleicher Leistung eingesetzt würde?

b) Beweisen Sie Ihre Antwort durch eine entsprechende Rechnung. Der cos φ ist für beide Pumpen gleich, der Wirkungsgrad der Wechselstrompumpe beträgt 0,85.

gesucht: I [A]

gegeben:

Lösung:

Aufgabe 14

Was müssten Sie zudem beachten, wenn anstatt der Drehstrompumpe eine Wechselstrompumpe mit gleicher Leistung eingesetzt würde? Welche Folgen ergeben sich hinsichtlich
- Absicherung?
- Querschnitt der Zuleitung?
- Aderanzahl der Zuleitung?

Lernfeld 7

Name | Klasse/Gruppe | Datum

Aufgabe 15

Ihr Geselle erklärt Ihnen als nächstes die jeweiligen Anschlussbedingungen für die Δ/Y-Schaltung, deren Symbole Sie bereits auf dem Leistungsstand gesehen hatten. (Stern-Dreiecksschaltung)
Führen Sie die beiden Schaltmöglichkeiten aus, indem Sie den Motor einmal in der Δ- und einmal in der Y-Schaltung anschließen. Die Schaltungen werden an den unteren Motorklemmbrettern durch den Einbau von Klemmenbrücken vorgenommen.

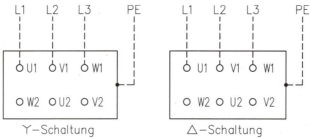

Aufgabe 16

Nach der Fertigstellung der Montage stellen Sie nun bei der Erprobung fest, dass die Umwälzpumpe keine Leistung erbringt. Ihre Drehrichtung stimmt nicht.
Was müssen Sie unternehmen, um die Drehrichtung zu ändern? Ergänzen Sie das entsprechende Anschlussbild am Motorklemmbrett, um die Drehrichtung zum Rechtslauf zu ändern.

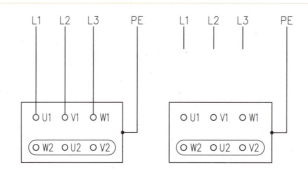

Aufgabe 17

Ihr Geselle erläutert Ihnen, dass elektronisch geregelte Umwälzpumpen einen großen Beitrag zur Energieeinsparung leisten und zudem auch den Geldbeutel des Betreibers entlasten.
Vergleichen Sie die jährliche Energieeinsparung einer herkömmlichen Umwälzpumpe mit 85 W mit einer elektronisch geregelten Pumpe, deren Verbrauch nur noch bei 45 W liegt. Rechnen Sie mit 220 Betriebstagen/Jahr, ganztägigem Betrieb und einem Arbeitspreis von 0,35 €/kWh.
Wie hoch ist die jährliche Energieeinsparung in kWh und wie hoch der eingesparte Betrag in €?

gesucht: $\Delta P \left[\dfrac{kWh}{Jahr}\right]$

gegeben:

Lösung:

gesucht: $\Delta V_{Einsp.}$ [€]

Lösung:

8.1 Werkstoffauswahl

Sanitäre Einrichtungsgegenstände werden heute aus verschiedenen Werkstoffen hergestellt. Dadurch erhalten sie unterschiedliche Eigenschaften, die bei der Auswahl im Hinblick auf Einsatzbedingungen und Ästhetik berücksichtigt werden müssen.

Aufgabe 1

Bereiten Sie sich darauf vor, einen Kunden hinsichtlich der Werkstoffauswahl zu beraten. Füllen Sie dazu die folgende Tabelle aus. (Informationen zum Werkstoff Mineralguss finden Sie z. B. auf der Homepage der franke water systems ag kwc.)

Werkstoff	Vorteile	Nachteile	übliche Anwendungs-beispiele
Porzellan			
Verbund-werkstoffe (Kunststein)			
Stahlblech			

Lernfeld 8

Name   Klasse/Gruppe   Datum

Werkstoff	Vorteile	Nachteile	übliche Anwendungs-beispiele
nicht rostender Stahl			
Acryl			

Aufgabe 2

Schlagen Sie für die folgenden Sanitärgegenstände jeweils einen Werkstoff vor.

a) Spüle in einer Großküche, ein robuster Umgang ist zu erwarten.

b) Spüle in einem Privathaushalt, der Kunde wünscht eine Ausführung in Farbe.

c) Großwanne in einem Privathaushalt

d) Reihenwaschanlage in einem Kindergarten

e) Toilettenbecken in einem Privathaushalt

f) Waschbecken im Schrank eines Klassenzimmers

g) Duschwanne in einem Privathaushalt

Name | Klasse/Gruppe | Datum

8.2 Auswahl von Auslaufarmaturen

Während der Kunde häufig vom „Wasserhahn" spricht, wissen Sie, dass es eine Vielzahl von verschiedenen Armaturen gibt, für die im SHK-Handwerk spezielle Fachausdrücke benutzt werden. Die verschiedenen Armaturen sind dabei für spezielle Anwendungen geeignet oder erfüllen bestimmte ästhetische Ansprüche des Kunden.

Aufgabe 1

	Fachausdruck	Anwendungsbeispiel

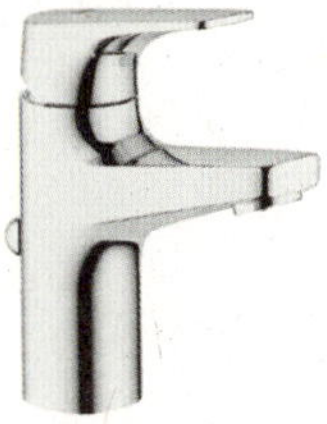		
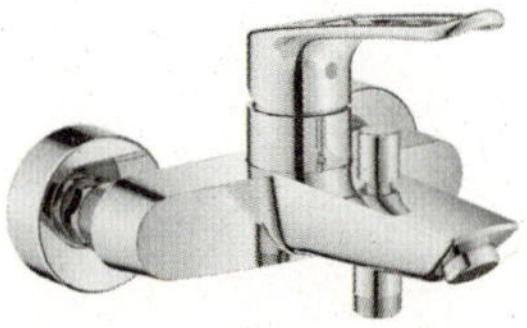		
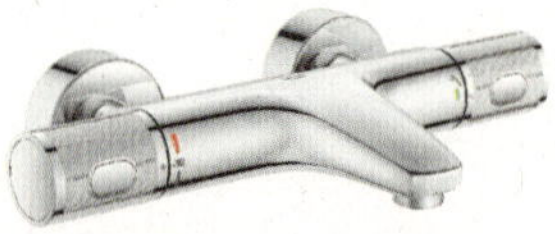		

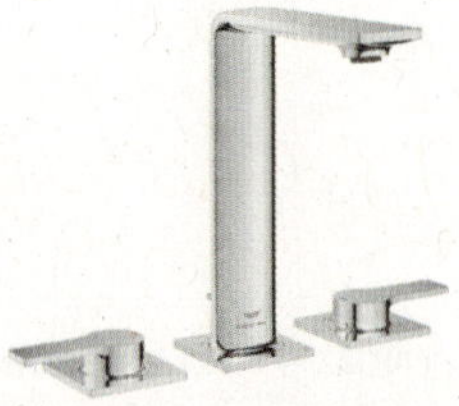		

Lernfeld 8

Name | Klasse/Gruppe | Datum

	Fachausdruck	Anwendungsbeispiel

Aufgabe 2

Schlagen Sie für die folgenden Beispiele jeweils eine Armatur vor.

a) Waschbecken im Privathaushalt, nur Kaltwasser

b) Waschbecken in einer Gaststättentoilette mit Kalt- und Warmwasser

c) Duschwanne im Privathaushalt, keine besonderen Anforderungen

d) Waschbecken in einer Gaststättentoilette, nur Kaltwasser

e) Duscharmatur in einem öffentlichen Bad, die Dusche soll nur laufen, wenn sich ein Nutzer im Duschbereich aufhält, hohe Vandalismussicherheit.

Name   Klasse/Gruppe   Datum

8.3 Beratung zu einer Klosettanlage

Es gibt verschiedene Bauarten der Toilettenbecken und verschiedene Varianten der Spülvorrichtung. Sie sollten den Kunden umfassend über die unterschiedlichen Möglichkeiten informieren können.

Aufgabe 1

Welche unterschiedlichen Aufgaben hat das Spülwasser bei einem Wasserklosett?

Aufgabe 2

Es werden prinzipiell zwei Klosettbauarten unterschieden.
Benennen Sie die beiden Bauarten in den folgenden Schnittzeichnungen. Welche Vorteile und welche Nachteile ergeben sich jeweils für den Nutzer? (Klosettbecken)

	Bauart:
	Vorteile/Nachteile:
	Bauart:
	Vorteile/Nachteile:

Aufgabe 3

Bei den Spülsystemen wird prinzipiell zwischen Spülkästen und Druckspülern unterschieden. Erklären Sie dem Kunden möglichst einfach die unterschiedlichen Funktionsweisen. Benutzen Sie dabei die folgenden Begriffe. (Bemerkung: Die Begriffe sind nicht in der richtigen Reihenfolge angegeben.)
Spülkasten: Spültaste, Zulaufventil, Ablaufventil, Schwimmer (des Ablaufventils), Schwimmer (des Zulaufventils), Spülkastenbehälter

Lernfeld 8

Druckspüler: Spültaste, Hilfsventil, Druckausgleichsöffnung, Hauptventil, Druckentlastungskanal, Gegendruckkammer Funktion des Spülkastens:

_____

_____

_____

_____

Funktion des Druckspülers:

_____

_____

_____

_____

_____

Aufgabe 4

Sowohl beim Spülkasten als auch beim Druckspüler besteht über das Spülrohr eine direkte Verbindung zwischen der Trinkwasserleitung und der eventuell mit Fäkalien verschmutzten Abwasserleitung.

Welcher Schutz gegen Rücksaugen ist jeweils eingebaut?

	Schutzvorrichtung	Kennbuchstabe nach DIN EN 1717
Spülkasten		
Druckspüler		

Aufgabe 5

Viele Spülkästen können auf eine Hauptspülmenge zwischen neun und sechs Litern sowie auf eine Kleinspülmenge von drei Litern eingestellt werden.

Wenn Sie eine neue WC-Anlage installieren, die an einer alten Entwässerungsanlage angeschlossen wird, kann es mit den geringen Wassermengen Probleme geben. Beraten Sie den Kunden.

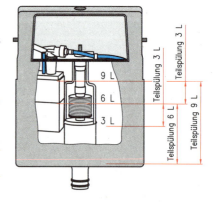

_____

_____

_____

Aufgabe 6

Informieren Sie sich im Internet über neue Entwicklungen bei WC-Anlagen (z. B. bei der Fa. Geberit über die Begriffe „Dusch-WC" und „UPpowerflusch"). Informieren Sie Ihre Mitschüler.

_____

8.4 Ausstattung von Sanitärräumen

Die Bedeutung und Wertschätzung des Badezimmers ist in den vergangenen Jahren bei den Kunden ständig gestiegen. So erfordert auch die Gestaltung dieses Raums heute weitaus mehr Sorgfalt und Kreativität.
Auch der Trend zur Individualisierung, Qualität, modernem Komfort und Umweltschonung zeigt sich in der Badgestaltung.
Die komplette Produktpalette garantiert hierbei absolute Hygiene.

Aufgabe 1

Welche wesentlichen Bereiche umfasst der Begriff Hygiene für die Benutzer der sanitären Anlagen?

Aufgabe 2

Nennen Sie die wesentlichen Kriterien, die bei der Badplanung hinsichtlich Platzbedarf, örtlichen Gegebenheiten, Komfortansprüchen und Nutzungsanforderungen zu berücksichtigen sind.

Aufgabe 3

Obwohl ein Bad individuell gestaltet werden kann, gelten für die Ausstattung der Sanitärräume die Bauordnungen der Länder und entsprechende Normen und Richtlinien.

a) Welche Mindestausstattung an sanitären Einrichtungen ist für ein Bad in einer Wohneinheit festgelegt?

b) Darf sich ein Toilettenraum auch außerhalb einer Wohnung befinden?

c) Was ist bei fensterlosen Toilettenräumen zu beachten?

d) Welche Empfehlung gilt, wenn mehr als drei Personen pro Wohnung den Sanitärraum nutzen?

Name   Klasse/Gruppe   Datum

© Westermann Gruppe

Lernfeld 8

Aufgabe 4

Nennen Sie einige Normen und Richtlinien, die Sie als Installateur als Planungsgrundlage für Sanitärräume beachten müssen.

Aufgabe 5

Ein Ehepaar bespricht mit Ihnen für den Neubau einer Eigentumswohnung die Grundrissplanung des Badezimmers. Die beiden möchten einen direkten Zugang vom Schlafzimmer zum Bad haben.

a) Worauf müssen Sie das Ehepaar hinweisen?

b) Eine wichtige Voraussetzung für Planer und Fachinstallateure ist die Bedarfsanalyse, bei der Sie im Gespräch mit dem Bauherrn ermitteln, wie z. B. der Sanitärbereich genutzt wird und welches Material für diese Nutzung geeignet ist. Beachten sollten Sie dabei drei Phasen: „Vor dem Kauf", die „Montage" und schließlich die Phase „Nach der Fertigstellung".

Ordnen Sie die unsortiert aufgelisteten Handlungsschritte den einzelnen Phasen zu:

sauberes und zuverlässiges Arbeiten; Terminvereinbarung vor Ort; Badplanung erstellen; Hinweise zur Pflege geben; Hinsichtlich Wartung und Notdienst erster Ansprechpartner sein; Informationen über die neuste Technik geben und dabei besonders wirtschaftliche und ökologische Aspekte beachten; Aufwand reduzieren durch Koordination der einzelnen Gewerke; Einweisung in die Handhabung der Armaturen; im Gespräch die Wünsche des Kunden erfragen; Bad vor der Übergabe reinigen; Präsentation

1. Phase – „Vor dem Kauf":

2. Phase – „Montage":

3. Phase – „Nach der Fertigstellung":

© Westermann Gruppe

8.5 Das Badezimmer ist zu klein – was tun?

„Mein Bad ist zu klein", ist eine Aussage, mit der Kunden häufig begründen, warum sie ihr Bad nicht ansprechend und komfortabel renovieren lassen wollen. Sie sollten die Möglichkeiten kennen, die es gibt, trotz Platzmangel ein kleines Bad komfortabel zu gestalten.

Aufgabe 1

Welche Möglichkeiten können Sie dem Kunden empfehlen, um eine <u>Badewanne</u> sinnvoll in einem kleinen Bad unterzubringen?

_____

Aufgabe 2

Kleingeformte Wannen haben häufig eine Länge von ca. 160 cm. Wie wird trotz der geringen Länge erreicht, dass noch ausreichend Platz zum entspannten Baden geboten wird?

_____

_____

_____

Aufgabe 3

Ein wichtiges Verkaufsargument für Wannen mit geringen Abmessungen ist die Senkung der Folgekosten. Welche Kosten kann der Kunde einsparen?

_____

_____

Aufgabe 4

In extrem kleinen Bäder reicht der Platz jedoch häufig nicht aus, um neben der Badewanne eine Dusche zu installieren.
Was können Sie dem Kunden in diesem Fall empfehlen?

_____

_____

_____

_____

_____

Lernfeld 8

Name   Klasse/Gruppe   Datum

Aufgabe 5

Kunden bevorzugen immer häufiger Acryl (PMMA) als Wannenmaterial.
Welche entscheidenden Vorteile bietet Acryl gegenüber Stahlemail-Wannen?

Für kleine Badräume reicht es jedoch nicht aus, nur eine kürzere Badewanne zu nehmen. Grundsätzlich muss die Badgestaltung raumsparend sein. Also müssen sich auch Duschwanne, Waschtisch und WC in den begrenzten Raum einfügen.

Aufgabe 6

Planen Sie für die drei Bäder A, B und C jeweils eine Badewanne, eine Dusche, ein WC und einen Waschtisch ein und präsentieren Sie die Lösungen Ihren Mitschülern. Sie stellen den Fachinstallateur dar und Ihre Mitschüler die Kunden.

Skizzieren Sie hierzu die Sanitärgegenstände in die Grundrisse. Aus einem Firmenprospekt stehen Ihnen die folgenden Badewannen und Duschwannen zur Verfügung. WC und Waschtisch können Sie frei wählen.

Modell Luna
1700 x 750 / 600

Modell Bambino
1570 x 650 / 500
1570 x 700 / 550

Modell Caro
800 x 800 / 350
900 x 900 / 450
1000 x 1000 / 500

Modell Corner
800 x 800
900 x 900
1000 x 1000

Modell Ultra
700 x 700
750 x 750
800 x 800

Lösungsvorschläge:

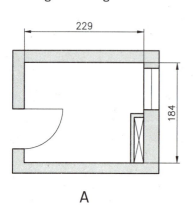

A

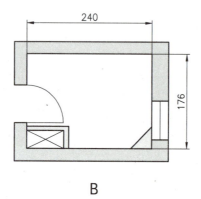

B

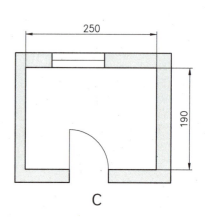

C

© Westermann Gruppe

Aufgabe 7

Ein Kunde möchte sein Bad von Ihrer Firma renovieren lassen. Bisher hatte er nur eine Dusche, ein WC und ein Handwaschbecken. Nun wünscht er eine Badewanne in dem kleinen Raum und möchte, wenn möglich, trotzdem noch duschen können.

Um die Mindestabstände und Bewegungsflächen einzuhalten, haben Sie bereits folgende Sanitärgegenstände und Bauteile für das begrenzte Platzangebot herausgesucht:
ein Wand-WC 480 x 320 mm (mit Druckspüler), ein Waschbecken 380 x 250 mm und eine Badewanne 160/75/50.
Das Waschbecken soll wieder links neben der Türe angebracht werden, weil dort die Ver- und Entsorgungsleitungen vorhanden sind.
Außerdem planen Sie eine Installationswand an der linken Wand mit 16 cm Stärke ein. Suchen Sie sich eine dazu passende Badewanne aus dem Sortiment der vorangegangenen Aufgabe aus.

a) Zeichnen Sie die Sanitärgegenstände in den Grundriss im Maßstab 1 : 20 ein.

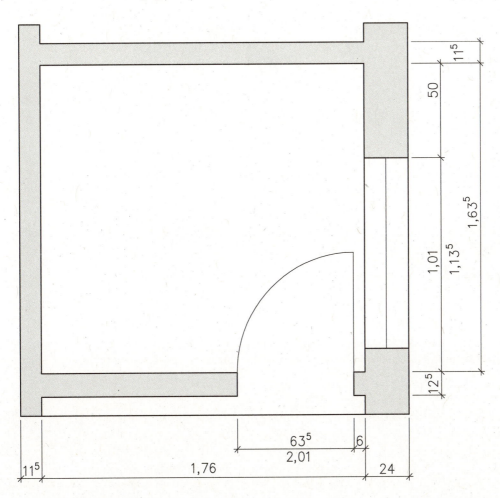

b) Welchen Vorschlag können Sie dem Kunden machen, damit er weiterhin duschen kann?

Name   Klasse/Gruppe   Datum

Aufgabe 8

Der Kunde hat in einem Herstellerprospekt eine Befüllmöglichkeit der Badewanne von unten entdeckt. Diese Variante würde er aus optischen Gründen bevorzugen. Der Kunde hat noch ein paar Fragen zur Funktion des Bauteils

a) Ordnen Sie die Textbausteine der passenden Abbildung zu.
   – Der Ablauf erfolgt über das Öffnen des Ventilkegels. Das Brauchwasser kann wie gewohnt abfließen.
   – Der Zulauf erfolgt von unten. Die Absicherung erfolgt über eine geeignete Sicherungseinrichtung.

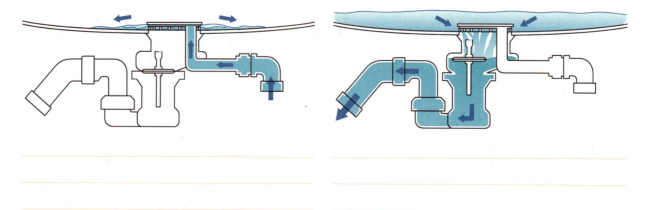

b) Bestimmen Sie passend zur Flüssigkeitskategorie des Badewanneninhalts die benötigte Absicherung des Trinkwassers bei dieser Art der Befüllung.

Flüssigkeitskategorie: _____

Absicherung: _____

c) Der Kunde interessiert sich für die Füll- und Entleerungszeit seiner Badewanne (Nutzinhalt: 156 l). Berechnen Sie ihm die Zeiten in Minuten. Nutzen Sie die Herstellerinformationen für den jeweils benötigten Volumenstrom.

gesucht:

gegeben:

Lösung:

	Multiplex Trio Zu-, Ab- und Überlauf
Installationstiefe	33 mm
⌀ Ablaufloch	52 mm
Zulaufleistung (bei 2,5 bar)	0,33 l/s
Ablaufleistung (bei 300 mm Anstauhöhe)	0,92 l/s
Überlaufleistung (bei 60 mm Anstauhöhe über Mitte Überlaufloch)	0,63 l/s

© Westermann Gruppe

Eine häufig gestellte Kundenfrage ist, welche Einbaumöglichkeiten es für Duschwannen mit Duschwänden und Duschtüren gibt.

Aufgabe 9

Die Form- und Größenvielfalt an <u>Duschwannen</u>, <u>Duschflächen</u> und <u>Duschabtrennungen</u> mit Türen macht eine fachgerechte und umfangreiche Beratung des Kunden erforderlich.

a) Welche Arten von Duschwannen sind im Folgenden dargestellt?

_____

_____

_____

_____

b) Benennen Sie einige übliche Duschwannengrößen in cm.

_____

c) Die gängigen Tiefen der Duschwannen reichen von 2,5 cm bis 16 cm. Bei Duschflächen ist sogar ein bodenglei-cher Einbau möglich.
Welchen Vorteil bietet diese geringe Innentiefe für den Benutzer?

_____

Lernfeld 8

Aufgabe 10

Vorgänger der <u>Duschabtrennung</u> war der Duschvorhang, der jedoch nicht mehr das Hygienebedürfnis der Menschen erfüllt.
So unterschiedlich wie Duschbereiche gestaltet sind, so verschieden sind auch Duschabtrennungen und ihre Türen.

a) Welche grundsätzlichen Formen von Duschabtrennungen sind im Folgenden dargestellt?
b) Was sind die besonderen Merkmale?

Form: _____

Merkmal: _____

Form: _____

Merkmal: _____

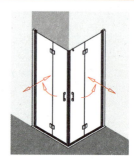

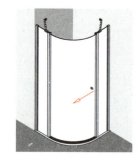

Form: _____

Merkmal: _____

Form: _____

Merkmal: _____

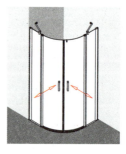

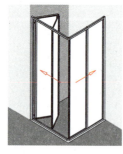

Form: _____

Merkmal: _____

Form: _____

Merkmal: _____

8.6 Badplanung mit Online-Tools

Im Dachgeschoss des abgebildeten Hauses soll ein neues Badezimmer eingebaut werden. Informieren Sie sich mit den Informationen der Bauzeichnungen zu der technischen Situation vor Ort. Machen Sie dem Kunden einen Vorschlag für ein komfortables Badezimmer. Achten Sie dabei auch auf kurze Rohrleitungsführungen. Nutzen Sie bei der Badplanung nach Möglichkeit ein Badplanungs-App (vgl. Vorschläge am Ende). Bei der Planung des Bades ist die Checkliste auf der Folgeseite zu nutzen. Präsentieren Sie das Badezimmer Ihrem Kunden bzw. Ihrer Klasse.

Ergänzend ist der Besuch einer Badausstellung beim Großhandel oder geeigneten Betrieben, sowie die Nutzung von Badplanungshilfen der Hersteller zu empfehlen.

Gesamtansicht

© Westermann Gruppe

Untergeschoss

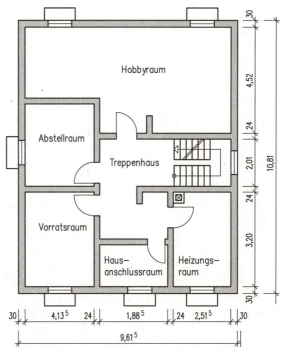

Erdgeschoss

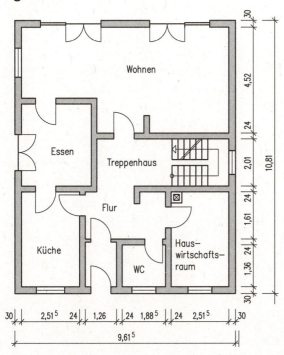

Dachgeschoss

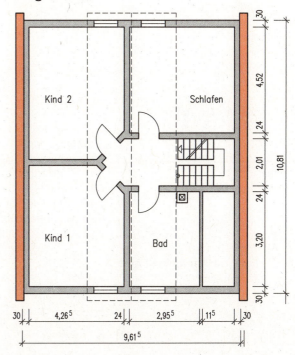

Lernfeld 8

Checkliste Badplanung

1. Anforderungen

Stil des Badezimmers
- ☐ klassisch
- ☐ modern
- ☐ ausgefallen
- ☐ zeitlos
- ☐ puristisch
- ☐ …

Nutzer
- ☐ Erwachsene
- ☐ Jugendliche
- ☐ Kinder
- ☐ Senioren
- ☐ Personenzahl: …..
- ☐ …

Nutzungsschwerpunkt
- ☐ Elternbad
- ☐ Komfortbad
- ☐ Familienbad
- ☐ Seniorenbad
- ☐ Gästebad
- ☐ Barrierefreies Bad
- ☐ …

2. Ausstattung

Waschtisch
- ☐ Einbauwaschtisch
- ☐ Aufsatzwaschtisch
- ☐ Doppelwaschtisch
- ☐ Unterfahrbarer Waschtisch
- ☐ Handwaschbecken
- ☐ …

WC
- ☐ bodenstehend
- ☐ wandhängend
- ☐ Flachspül-WC
- ☐ Tiefspüler-WC
- ☐ spülrandlos
- ☐ Dusch-WC
- ☐ …

Badewanne
- ☐ Einzelbadewanne
- ☐ Doppelbadewanne
- ☐ freistehende Wanne
- ☐ Duschbadewanne
- ☐ Ovale Wanne
- ☐ Runde Wanne
- ☐ Eckbadewanne
- ☐ Sechseckwanne
- ☐ Whirlpool
- ☐ …

Dusche
- ☐ quadratische Duschwanne
- ☐ Rechteck-Duschwanne
- ☐ Fünfeck-Duschwanne
- ☐ Viertelkreis-Duschwanne
- ☐ geflieste Dusche
- ☐ …

Duschabtrennung
- ☐ Walk-In Dusche / offener Duschbereich
- ☐ Falttür
- ☐ Schwingtür
- ☐ Schiebetür
- ☐ Drehtür
- ☐ Aufsatz für die Badewanne
- ☐ …

Badmöbel
- ☐ Waschtischunterschrank
- ☐ Spiegelschrank
- ☐ Seitenschrank
- ☐ Hochschrank
- ☐ Regal
- ☐ …

Badarmaturen
- ☐ Waschtischarmatur
- ☐ Dusch- und Wannenarmatur
- ☐ Bidetarmatur
- ☐ Einhebelmischer
- ☐ Thermostatmischer
- ☐ Zweigriffarmatur
- ☐ Dusch-Set mit Kopfbrause
- ☐ …

Zusatzausstattung
- ☐ Spiegel / Spiegelschrank
- ☐ Kosmetikspiegel
- ☐ Haltegriffe / Dusch-Sitz
- ☐ Handtuchhalter
- ☐ Seifenspender
- ☐ Toilettenpapierhalter
- ☐ WC-Garnitur
- ☐ Zahnputzbecher
- ☐ Eimer
- ☐ …

Sonstige Ausstattungsdetails
- ☐ Bidet
- ☐ Urinal
- ☐ Drückerplatte Spülkasten
- ☐ WC-Sitz
- ☐ Vorwandelemente
- ☐ …

3. Technische Ausstattung

Heizung
- ☐ Fußboden- /Wandheizung
- ☐ Heizkörper
- ☐ Handtuchheizkörper
- ☐ …

Belüftung
- ☐ Fenster
- ☐ kontrollierte Wohnraumlüftung
- ☐ Abluftventilator
- ☐ …

Beleuchtung
- ☐ Wandleuchte
- ☐ Deckenleuchte
- ☐ Spiegelleuchte
- ☐ Spots und Strahler
- ☐ Nachtlicht über Drückerplatte
- ☐ …

Fördergelder
- ☐ KfW
- ☐ Krankenversicherung
- ☐ Pflegeversicherung
- ☐ Staats- und Landesbanken (z. B. https://www.nbank.de/)

© Westermann Gruppe

Aufgabe 1

Bestimmen Sie die Grundmaße der Abseite neben dem Badezimmer.

Höhe: _____

Breite: _____

Aufgabe 2

Bestimmen Sie die Seitenabstände nach VDI 6000.

WC / Urinal / Wand / Waschtisch / Badewanne / Dusche untereinander: _____

Aufgabe 3

Bestimmen Sie die Standard-Bauteilmaße und Bewegungsflächen nach VDI 6000.

Sanitärobjekt	Bauteilmaße in cm		Mindest-Bewegungsfläche in cm	
	Breite	Tiefe	Breite	Tiefe
Waschtisch			90	
WC (Einbau-Spülkasten)			80	
Urinal			60	
Dusche				
Badewanne				

Aufgabe 4

Erstellen Sie vorab eine Skizze für die Aufteilung der Sanitärobjekte im Maßstab 1:20. Berücksichtigen Sie in der Skizze die vorgeschriebenen Seitenabstände und Bewegungsflächen.

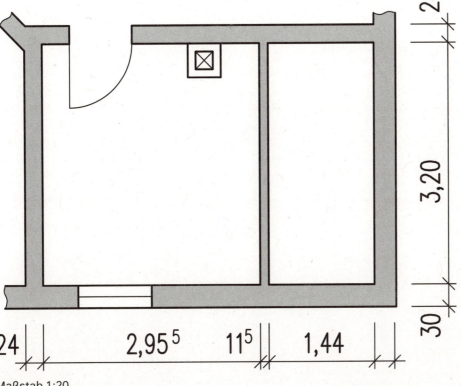

24 | 2,95⁵ | 11⁵ | 1,44

24 | 3,20 | 30

Maßstab 1:20

Lernfeld 8

Name   Klasse/Gruppe   Datum

Aufgabe 5

Erstellen Sie nun eine Badplanung mit Hilfe eines Badplanungstools oder eines Magnetplaners (falls vorhanden). Präsentieren Sie anschließend ihr Ergebnis dem Kunden bzw. Ihrer Klasse. APPs für Handy oder Tablet: z. B. Palette Home, elements Badplaner, M3B.Badplaner, Laguna Badplaner, lumina 3D Badplaner, badambiente, Badplaner, ..., PC: z. B. https://www.elements-show.de/3d-badplaner, https://palettehome.de, https://www.villeroy-boch.de/bad-planer.html

Aufgabe 6

Erstellen Sie eine Liste der in der Planung ausgewählten Sanitärobjekte und Einrichtungsgegenstände.

Aufgabe 7

Bewerten Sie das verwendete Planungstool im Hinblick auf den Nutzen für Betrieb und Kunden. Zeigen Sie auch die Probleme bei der Anwendung auf.

Nutzen für den Kunden:

Nutzen für den Betrieb:

Probleme bei der Anwendung:

Name   Klasse/Gruppe   Datum

8.7 Bäder für Menschen mit Behinderung

Nach einem Unfall ist ein Familienmitglied auf die Nutzung eines Rollstuhls angewiesen.

Die üblichen Maße und Montagehöhen passen nun nicht mehr zu der veränderten Situation. Aus diesem Grund beschließt die Familie, ein vorhandenes Badezimmer barrierefrei und rollstuhlgerecht umzubauen.

Dazu bieten sich zwei Möglichkeiten an: Das Bild oben zeigt den Umbau mit einem Duschbereich, das Bild unten zeigt den Einbau einer Badewanne.

Beide Möglichkeiten haben Vor- und Nachteile hinsichtlich der späteren Nutzung.

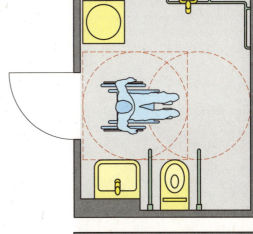

Aufgabe 1

Beraten Sie die Kunden in Bezug auf mögliche Vor- und Nachteile bei der Verwendung einer barrierefreien Dusche bzw. der Nutzung einer Badewanne durch den Rollstuhlfahrer.

_____

_____

_____

_____

_____

_____

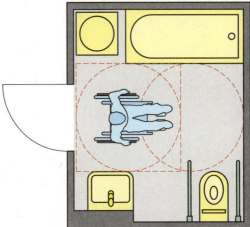

Aufgabe 2

Die Kunden entscheiden sich für den Einbau einer bodengleichen Dusche. Da die Abhängigkeit vom Rollstuhl die Bewegungsfreiheit stark einschränkt und trotzdem ein großer Wert auf Körperhygiene gelegt wird, , soll in dem Bad ein Dusch-WC eingebaut werden. Erläutern Sie die Arbeitsweise des Dusch-WCs, indem Sie die folgenden Begriffe in den Lückentext einfügen.

Geruchsbelästigung/reinigt sich/Temperatur/beendet/Duscharm/Stärke/ Neutralisiert/nicht mehr/Warmluftgebläse/berührungslos/Bedienelements

Der Analbereich wird _____ durch einen warmen Duschstrahl

gereinigt. Dies erfolgt mit einem integrierten _____, der durch

Sitzkontakt und Drücken eines _____ aus seiner geschützten

Stellung ausfährt. Die _____ und die Stärke des _____ kann man individuell regulieren. Ist

der Spülvorgang _____, fährt der Arm zurück und _____ selbst. Ein _____

trocknet anschließend die gereinigten Körperflächen. Toilettenpapier ist daher _____ notwendig.

_____ wird vermieden, da durch eine Absaugung Gerüche ins Freie geleitet oder durch

einen Aktivkohlefilter _____ werden.

Name   Klasse/Gruppe   Datum

Aufgabe 3

Im Raumschema unten sehen Sie ein barrierefreies Badezimmer, wie es in der DIN 18040-2 beschrieben wird. Geben Sie für die Punkte 1 bis 11 an, welche Anforderungen an die baulichen und sicherheitstechnischen Maßnahmen gestellt werden, wenn der Sanitärraum von einem Rollstuhlfahrer genutzt werden soll.

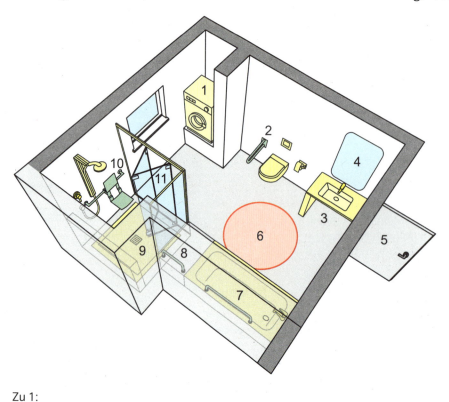

Zu 1: _____

_____

Zu 2: _____

_____

_____

_____

Zu 3: _____

_____

_____

Zu 4: _____

_____

Zu 5: _____

Zu 6: _____

Zu 7: _____

Zu 8: _____

Zu 9: _____

Zu 10: _____

Zu 11: _____

8.8 Überprüfung einer Badezimmerarmatur

Sie haben den Auftrag eine Thermostatmischbatterie zu prüfen. Zur Feststellung des Ist-Zustandes erfassen Sie Durchfluss und Temperatur mit einem Durchflussmessgerät (s. Abbildung).

Aufgabe 1

Im Diagramm ist das Ergebnis der Messung dargestellt. Bei der Messung wurde mit Kaltwasser gestartet und die Temperatur am Temperaturwählgriff bis zum Begrenzungsanschlag (40 °C) hochgedreht.
Ermitteln Sie die folgenden Werte.

Kaltwassertemperatur ϑ_{PWC}:

Max. Wamwassertemperatur ϑ_{PWH} max:

Warmwassertemperatur am Ende der Messung ϑ_{PWH}:

Max. Volumenstrom $\dot{V}_{max}$:

Volumenstrom bei max. Temperatur $\dot{V}_{PWH}$ max:

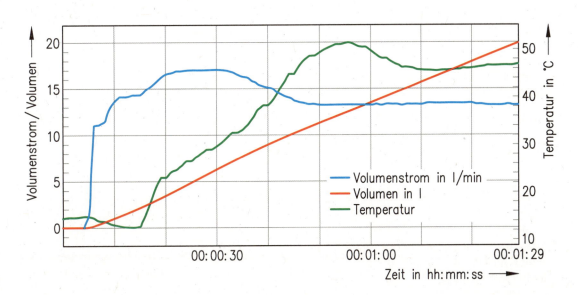

Name   Klasse/Gruppe   Datum

Aufgabe 2

Vergleichen Sie den Durchfluss mit den Herstellerangaben.
Der Druck an der Armatur beträgt 3,25 bar.

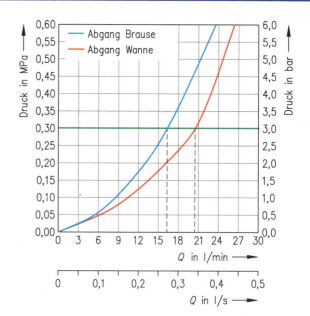

Aufgabe 3

Grenzen Sie die Störungsursache ein. Listen die die notwendigen Schritte zur Behebung des Fehlers auf.

Störung	Ursache	Abhilfe
Auslauftemperatur stimmt nicht mit der eingestellten Temperatur überein	– Thermostat wurde nicht justiert	– Thermostat justieren
	– Zu niedrige Warmwasser-temperatur	– Warmwassertemperatur erhöhen auf 42 °C bis 60 °C
wenig Wasser	– Versorgungsdruck nicht ausreichend	– Leitungsdruck prüfen
	– Schmutzfangsieb der Regeleinheit verschmutzt	– Schmutzfangsiebe vor dem Thermostat und auf der Regeleinheit reinigen
	– Siebdichtung der Brause verschmutzt	– Siebdichtung zwischen Brause und Schlauch reinigen
Kreuzfluss, warmes Wasser wird bei geschlossener Armatur in die Kaltwasserleitung gedrückt oder umgekehrt	– Rückflussverhinderer verschmutzt/defekt	– Rückflussverhinderer reinigen ggf. austauschen

Aufgabe 4

Die Warmwassertemperatur bei der Messung ist zu hoch. Vervollständigen Sie mit Hilfe der technischen Unterlagen die Arbeitsplanung für die Begrenzung der max. Temperatur auf 42 °C sowie die Korrektur der Anschlagtemperatur auf 40 °C.

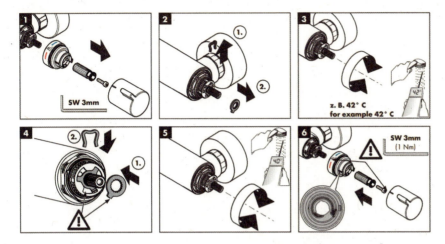

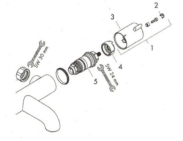

Position	Beschreibung
1	Griff
2	Abdeckkappe
3	Druckknopf
4	Anschlagscheibe für Temperatur Regeleinheit
5	Temperatur Regeleinheit

Arbeitsplanung Temperaturjustierung Thermostatmischbatterie		
Schritt	**Tätigkeit**	**Werkzeuge, Hilfsmittel, Bemerkungen**
1		
2	Sicherungsklammer und Zahnring von Temperatur Regeleinheit entfernen	
3		
4		
5		
6		

Lernfeld 8

Aufgabe 6

Die Pflegehinweise für die Armatur liegen nur noch in englischer Sprache vor. Geben Sie abschließend in Stichpunkten wieder, worauf bei der Pflege der Armatur zu achten ist. Nutzen Sie bei Bedarf Übersetzungshilfen von Smartphone und Tablet oder auch ein Internet-Wörterbuch.

Cleaning Instructions for Mixers and Showers

Please follow the cleaning material manufacturer's instructions. In addition, pay attention to the following points:

- Clean the mixers and showers as and when required
- The cleaning dosage and time the cleaner needs to take effect should be adjusted according to the product and the cleaner should not be left longer than necessary.
- Regular cleaning can prevent calcification.
- When using spray cleaner, spray first into a cloth or sponge never directly onto the sanitary tapware, as drops could enter openings and gaps and cause damage.
- After cleaning rinse thoroughly with clean water to remove any cleaner residue.

Important

Residues of liquid soaps, shampoos and shower foams can also cause damage, so rinse with clean water after using.

If the surface is already damaged, the effect of cleaning materials will cause further damage.

Damage caused by improper treatment will not be covered by our guarantee.

8.9 Elektrische Schutzbereiche in Sanitärräumen

Die Installation von sanitären Gegenständen in einem Badezimmer dient in erster Linie der Erfüllung hygienischer Aufgaben.

Doch bei der Installation elektrischer Anlagen ist Vorsicht geboten:
Im Badezimmer trifft Feuchtigkeit auf Strom. Eine gefährliche Mischung für den menschlichen Körper, die besondere Vorsichtsmaßnahmen erfordert. Weil die Feuchtigkeit den menschlichen Körperwiderstand zur Erde verringert und ebenso auch der Übergangswiderstand des Körpers gering ist, können auch durch kleinere Berührungsspannungen lebensgefährliche Ströme durch den Körper fließen.

Da deshalb die Unfallgefahr bei unsachgemäß ausgeführten elektrischen Installationen besonders groß ist, gelten nach DIN VDE 0100 Teil 701 für Sanitärräume strengere Bestimmungen als in sonstigen Wohnräumen. Die Elektroinstallation in den Schutzbereichen müssen durch einen qualifizierten Fachmann so ausgeführt sein, dass eine Gefährdung durch elektrische Ströme ausgeschlossen ist.

Aufgabe 1

Im Bad entsteht die Gefährdung eines elektrischen Schlags dadurch, dass die nasse Haut des Menschen einen geringen <u>elektrischen Widerstand</u> zur Erde bildet und dadurch besser den elektrischen Strom leitet. Diese Tatsache kann auf einfache Art rechnerisch nachgewiesen werden.

a) Stellen Sie den Zusammenhang dieses Gesetzes zwischen <u>Spannung</u>, <u>Stromstärke</u> und <u>Widerstand</u> in einer Formel dar und benennen Sie die Formelzeichen sowie die Einheiten.

b) Berechnen Sie die Stromstärke, die durch den Körper einer Person fließt, die im Bad durch eine fehlerhafte Installation eine Spannung von 230 Volt berührt? Der Widerstand der Person kann mit 430 Ohm angenommen werden. Geben Sie Ihr Ergebnis in mA an.

gesucht: I [A]

gegeben:

Lösung:

Lernfeld 8

c) Bewerten Sie mit Hilfe des Diagramms die Auswirkungen der berechneten Stromstärke.

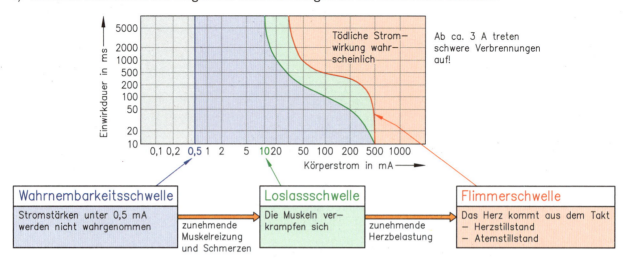

Um derartige Unfälle durch den elektrischen Strom zu vermeiden, müssen die entsprechenden Vorschriften strikt eingehalten werden. So verlangt die DIN VDE 0100 im Teil 701, dass elektrische Anlagen in Räumen mit Badewannen oder Dusche so auszuführen sind, dass Personen keinem gefährlichen Körperstrom ausgesetzt werden. Diese Sicherheit soll durch die Einteilung in Schutzbereiche um Badewannen und Duschwannen herum gewährleistet werden.

Aufgabe 2

a) Nennen Sie die drei Schutzbereiche nach DIN VDE 0100.

b) Für welche Räume gilt die DIN VDE 0100-701? Gibt es Ausnahmen?

Aufgabe 3

a) Erläutern Sie die einzelnen Schutzbereiche und benutzen Sie dafür die vorgegebenen Abstandsmaße. (Gehen Sie an dieser Stelle noch nicht auf die elektrischen Anschlüsse oder elektrischen Geräte ein.)

b) Zeichnen Sie in die unteren Ansichten die Schutzbereiche ein, machen Sie die einzelnen Bereiche z. B. durch unterschiedliche Schraffuren kenntlich und bemaßen Sie sie vorschriftsmäßig.

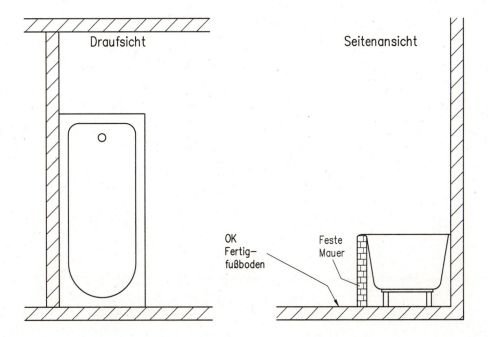

Draufsicht   Seitenansicht

OK Fertig–fußboden   Feste Mauer

Aufgabe 4

Können eingezogene feste Wände die Bereichseinteilung im Bad verändern? Begründen Sie Ihre Antwort.

Lernfeld 8

Name   Klasse/Gruppe   Datum

Aufgabe 5

Welche Maße ergeben sich bei einer Dusche mit einer festen Trennwand? Tragen Sie die Bereichseinteilung mit den entsprechenden Maßen in die folgende Skizze ein. Beschreiben Sie kurz, an welcher Stelle der Trennwand der Schutzbereich 2 beginnen muss.

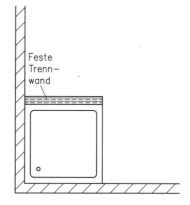

Aufgabe 6

a) Wenn der Schutzbereich 0 das Innere einer Duschwanne umfasst, wie muss dann bei modernen bodengleichen Duschen verfahren werden, bei denen keine Duschwanne vorhanden ist?

b) Zeichnen Sie diese Schutzbereiche mit der Angabe von Abstandsmaßen in die folgenden Skizzen ein.

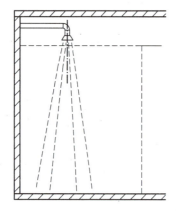
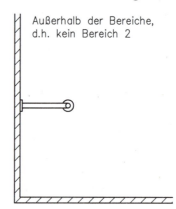

Aufgabe 7

Oft werden auch fabrikfertige Duschkabinen installiert. Was muss in diesen Fällen beachtet werden? Gibt es hierfür möglicherweise abweichende Vorschriften? (Gerätenorm)

Aufgabe 8

Beleuchtung, Schalter und Steckdosen gehören zur normalen Badezimmerausstattung und zum Aufgabenbereich des Elektroinstallateurs. Der Anlagenmechaniker SHK installiert aber auch Whirlpools, Wannen mit Beleuchtung oder Wannen mit Heizungen. Sie alle benötigen für ihren Betrieb elektrische Energie. Welche Bedingungen müssen in den einzelnen Schutzbereichen bei der Installation dieser Geräte und Objekte beachtet werden? Gehen Sie auf die Bedingungen eines jeden Schutzbereichs ein.

Name   Klasse/Gruppe   Datum

Aufgabe 9

Muss im Zusammenhang mit den Schutzbereichen in diesen Räumen beim Potenzialausleich eine Vorschrift beachtet werden? Worauf müssen Sie hierbei achten?

Aufgabe 10

Ist der zusätzliche Potenzialausgleich auch nötig, wenn im Badezimmer keine elektrische Ausrüstung vorhanden ist?

Aufgabe 11

a) Sind Dusch- oder Badewannen aus Stahl oder Guss, die neu aufgestellt werden, am Potenzialausgleich anzuschließen?

b) Gilt diese Vorschrift auch, wenn z. B. eine alte Wanne erneuert wird? Begründen Sie Ihre Antwort.

8.10 Planung nach Fliesenraster

Sie sollen die Rohrmontage für eine Badezimmererneuerung vorbereiten. Dazu müssen Sie eine Zeichnung anfertigen, in der alle Objektmitten sowie alle Wasser- und Abwasseranschlüsse bemaßt sind. Der Kunde wünscht, dass die Objektmitten und die Armaturenanschlüsse da, wo es möglich ist, am Fliesenraster ausgerichtet sind.

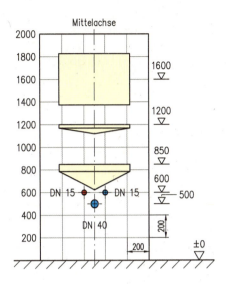

Aufgabe 1

Planen Sie in einem ersten Schritt zunächst unabhängig vom Fliesenraster die Lage der sanitären Einrichtungsgegenstände auf der 3,40 m langen Wand (siehe nächste Seite).

Es sollen die folgenden <u>Sanitärobjekte</u> eingebaut werden: (von links) Toilettenbecken, Bidet, Waschtisch, Duschwanne 90 x 90 cm.
Maßzeichnungen der vom Kunden gewählten Objekte sehen Sie unten.

a) Beginnen Sie die Planung von links, ermitteln Sie die Mittenmaße für das Toilettenbecken und das Bidet. Verwenden Sie dabei die Mindestabstände nach <u>DIN 18022</u>.

Mitte WC :   Mindestabstand linke Wand + halbe Beckenbreite =

_____

Mitte WC bis Mitte Bidet: halbe Beckenbreite WC +

_____

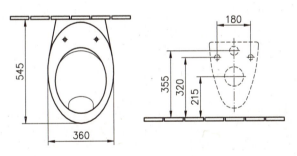

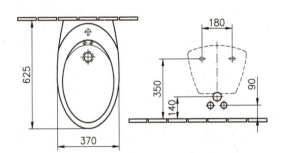

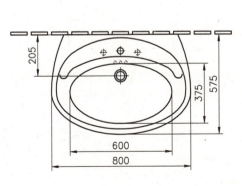

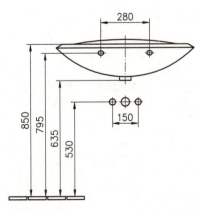

© Westermann Gruppe

Lernfeld 8

b) Tragen Sie nun die Mittenmaße von WC und Bidet maßstäblich (1:20) in die folgende Zeichnung ein (Strichpunkt-linie).

Ermitteln Sie den verbleibenden Zwischenraum für den Waschtisch zwischen Bidet und Duschwanne.

Zwischenraum = Wandbreite – Breite Dusche – Mittenmaß WC – Mittenabstand WC Bidet – halbe Beckenbreite Bidet =

Platzieren Sie die Mitte des Waschtisches genau in der Mitte dieses Zwischenraums und zeichnen Sie die Mitte (Strichpunktlinie) unten ein.

WC   Bidet   WT   Dusche

3400

c) Überprüfen Sie, ob in dieser Lage die geforderten Mindestabstände für den Waschtisch eingehalten werden können.

Mindestabstand zum Bidet:

Mindestabstand zur Dusche:

Berechnung der Abstände:

Bewerten Sie Ihr Ergebnis:

d) Tragen Sie in die Zeichnung auch alle Wasser- und Abwasseranschlüsse für WC (nur Abwasser), Bidet und Waschtisch ein. Bemaßen sie von unten und von links. Kennzeichnen Sie alle Anschlüsse, z. B. mit PWC 15, AW 50 etc.

Aufgabe 2

Alle Maßangaben, die Sie in der Zeichnung in Aufgabe 1 gemacht haben, beziehen sich auf die Oberkante Fertigfußboden beziehungsweise auf die Oberkante Wand links. Wenn Sie die Rohrmontage ausführen, haben Sie auf
der Baustelle aber nur Rohfußboden und Rohwand. Als universelles Höhenmaß wird auf der Baustelle der Meterriss
(= 1 m über Fertigfußboden) verwendet.
Daher müssen Sie für eine zweite Zeichnung alle Höhenmaße so umrechnen, dass sie vom Meterriss aus gemessen
werden können.
Berücksichtigen Sie außerdem Folgendes:
Um ein gleichmäßiges Fliesenbild zu erreichen, beginnt der Fliesenleger die Fliesen von der Mitte der Wand nach
beiden Seiten anzusetzen. Daher müssen Sie alle waagerechten Maße von „Mitte Wand" her einmaßen.
Der Kunde hat sich Fliesen im Maß 150 mm x 150 mm (Fliesenraster: 152) ausgesucht.

a) Rechnen Sie die Mittenmaße so um, dass sie auf „Mitte Wand" eingemaßt werden können.

WC: Maß Mitte Wand – Wandabstand WC = 1700 mm – 380 mm = 1320 mm

Bidet: _____

_____

Waschtisch: _____

_____

b) Ändern Sie die Maße so, dass sie sich in das Fliesenraster (halbe Fliese oder Fliesenmitte) einfügen.

WC: Maß alt: 1 320mm   Maß neu gewählt: 1 292 (8,5 Fliese)

Bidet: Maß alt: _____   Maß neu gewählt: _____

Waschtisch: Maß alt: _____   Maß neu gewählt: _____

c) Rechnen Sie auch die Anschlussmaße der Wasser- und Abwasseranschlüsse des Waschtisches um.

Höhenmaß alt: _____   Maß neu gewählt: _____

Abstand alt: _____   Maß neu gewählt: _____

d) Rechnen Sie alle Höhenmaße so um, dass sie vom Meterriss aus eingemaßt werden können.

WC: 1 000 mm – Höhe über Fertigfußboden = 1 000 mm – 215 mm = 785 mm

Bidet Abfluss: _____

_____

Bidet Wasser: _____

_____

Waschtisch: _____

_____

Lernfeld 8

Name   Klasse/Gruppe   Datum

e) Nun müssen Sie noch die Maße für die Duschbatterie bestimmen. Es handelt sich um eine Wandbatterie, die in einer Höhe von circa 1 200 mm installiert werden soll. Als seitliche Ausrichtung wünscht der Kunde „Mitte Dusche".

Höhe Batterie gewählt: _____

umgerechnet auf den Meterriss: _____

Mitte Batterie berechnet: _____

_____

Mitte Batterie gewählt: _____

Aufgabe 3

Zeichnen Sie in die folgende Zeichnung alle Objektmitten sowie alle Anschlüsse ein. Bemaßen Sie von „Mitte Wand" sowie vom Meterriss.

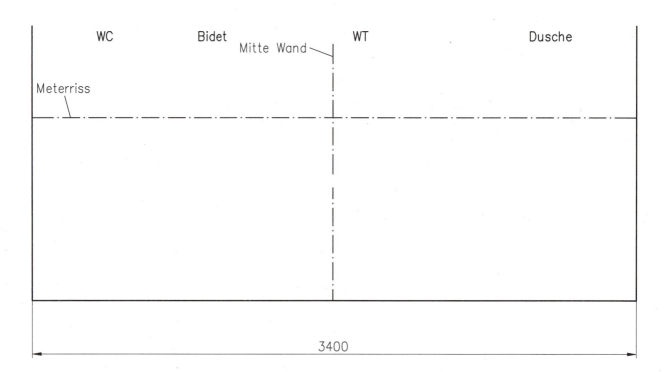

© Westermann Gruppe

|Aalberts integrated piping systems GmbH, Essen: 99.1. |ACO Passavant GmbH, Philippsthal: Foto: ACO Haustechnik 64.1, 64.2. |Armacell GmbH, Münster: 19.1. |Bette GmbH & Co. KG, Delbrück: 106.1, 106.2, 106.3, 106.4, 106.5, 106.6, 106.7. |Bosch Thermotechnik GmbH - Buderus, Wetzlar: 76.1. |Di Gaspare, Michele (Bild und Technik Agentur für technische Grafik und Visualisierung), Bergheim: 11.2, 14.1, 16.1, 16.2, 16.3, 16.4, 17.2, 20.1, 21.1, 22.1, 24.1, 24.2, 28.1, 29.1, 30.1, 30.2, 30.3, 31.2, 32.1, 36.1, 39.1, 40.1, 40.2, 42.1, 43.1, 44.1, 45.2, 46.1, 46.2, 47.1, 47.2, 48.1, 48.2, 48.3, 49.1, 49.2, 50.1, 50.2, 51.1, 54.1, 56.1, 57.1, 59.2, 59.3, 59.4, 60.1, 61.2, 61.3, 62.1, 63.2, 72.1, 73.2, 73.3, 73.4, 78.1, 79.2, 81.1, 84.1, 86.1, 86.2, 86.3, 87.2, 89.1, 91.1, 92.1, 92.2, 92.3, 92.4, 92.5, 92.6, 92.7, 92.8, 92.9, 92.10, 92.11, 92.12, 93.1, 96.1, 96.2, 101.2, 101.3, 102.1, 106.8, 106.9, 106.10, 107.2, 110.1, 110.2, 110.3, 110.4, 110.5, 110.6, 111.1, 111.2, 111.3, 111.4, 113.1, 115.1, 115.2, 116.1, 117.2, 118.1, 122.1, 123.1, 124.1, 124.2, 127.1, 127.2, 127.3, 127.4, 128.1, 130.1. |Dornbracht AG & Co. KG, Iserlohn: 100.1, 100.3. |Flamco GmbH, Mettmann: 83.1, 85.1. |fotolia.com, New York: emmi 5.1. |Franz Kaldewei GmbH & Co. KG, Ahlen: 109.1, 109.2, 109.3, 109.4. |Geberit, Pfullendorf: 107.1, 115.3, 115.4. |Gebr. Kemper GmbH + Co. KG, Olpe-Biggesee: 17.1, 33.1, 33.2, 33.3. |GROHE Deutschland Vertriebs GmbH, Porta Westfalica: 11.1, 99.2, 99.3, 99.4, 99.5, 99.6, 100.2, 100.4. |Hansgrohe SE, Schiltach: 119.1, 119.2. |Kermi GmbH, Plattling: 105.1. |MEPA - Pauli und Menden GmbH, Rheinbreitenbach: 101.1. |OBO Bettermann Holding GmbH & Co. KG, Menden: 25.1, 25.2, 25.3, 26.1, 27.1. |REHAU Industries SE & Co. KG, Erlangen: 45.1. |Resideo, Mosbach: 15.1. |Rheinzink GmbH & Co. KG, Datteln: 61.1. |ROTHENBERGER Werkzeuge GmbH, Kelkheim: 31.1. |stock.adobe.com, Dublin: Calek Titel; Digitalpress 77.1; industrieblick 63.1; KB3 97.1; Kneschke, Robert 55.1; krasyuk 89.2; myper Titel; Paolese 67.1; pixelkorn 73.1; rh2010 65.1; Sibylle 9.1; slavun 103.1; sowanna Titel; unruhelena 59.1; vladdeep 79.1. |Viega GmbH & Co. KG, Attendorn: 108.1, 108.2, 108.3. |Villeroy & Boch AG, Mettlach: 121.1. |WILO SE, Dortmund: 87.1, 88.1. |Wolf, Thomas, Adendorf: 117.1. |Zehnder Group Deutschland GmbH, Lahr: 74.1. |Zierhut, Herbert, Würzburg: 5.2, 41.1.